LEBENSHILFE

Stefan Leidig

Nur keine Panik!

So lernen Sie,
mit Ihren Ängsten umzugehen

Originalausgabe

Wilhelm Heyne Verlag
München

HEYNE LEBENSHILFE
Band 17/120

Copyright © 1994 by Wilhelm Heyne Verlag GmbH & Co. KG, München
Printed in Germany 1994
Umschlagillustration: John Martin/The Image Bank, München
Umschlaggestaltung: Christian Diener, München
Satz: Kort Satz GmbH, München
Druck und Bindung: Presse-Druck Augsburg

ISBN 3-453-07336-3

Für Viola und Keith Richards,
Manfred Zielke und
meine Eltern

»Es ist eine Frage der Disziplin«,
sagte mir später der kleine Prinz.

ANTOINE DE SAINT-EXUPERY

Über den Autor

Stefan Leidig ist Diplom-Psychologe. Er ist in Verhaltenstherapie, Gesprächstherapie und Hypnotherapie ausgebildet und war langjähriger Mitarbeiter der Psychosomatischen Fachklinik Bad Dürckheim. Seit 1994 ist er Leitender Psychologe der Psychosomatischen Fachklinik Landgraf Friedrich in Friedrichsdorf/Taunus. Arbeitsschwerpunkte: Ängste, Zwangsstörungen, Eßstörungen und Psychosomatische Erkrankungen.

Inhaltsverzeichnis

Einleitung 11

Allgemeiner Teil
**Von den körperlichen und seelischen Grundlagen
der Ängste** 15

Wie unser Körper auf Gefahr reagiert:
die Bereitstellungsreaktion 20
   Herz und Kreislauf 20
   Die Atmung 22
   Die Skelettmuskulatur 22
   Die Schweißdrüsen 23
   Weitere Veränderungen 24

Zwei Seelen − nicht nur in unserer Brust:
das Autonome Nervensystem 25
   Auf die Plätze, fertg, los: der Sympathikus 26
   In der Ruhe liegt die Kraft: der Parasympathikus .. 28
   Parasympathische Angstanfälle 29

Die Aufgaben des Gehirns bei Angstreaktionen 33
   Die menschliche Dreifaltigkeit 33
   ARAS und die Folgen 36
   Aktivierung: woher wir wissen, wann etwas nicht stimmt . 36
   Jede Bereitstellungsreaktion hat ein Ende:
   die Habituation 38
   Aktivierung: Unterschiede zwischen den Menschen .. 38
   Aktivierung und was unser Denken (nicht)
   dazu beiträgt 39

Um Himmels Willen − nein!!!:
das Vermeidungsverhalten 41

Von der Bedrohung zur Herausforderung:
die Angst weggedacht 44

Klinischer Teil
Wenn Angst zur Krankheit wird 49

Die sieben Formen der Angst 52

Das S-R-C-Schema 59

Todesängste aus dem Nichts: die Panikstörung 62
   Die Krankheitsgeschichte 63
   Wie die Beschwerden im einzelnen aussehen 66
   Exkurs: Hyperventilation 69
   Der Behandlungsverlauf 73

Draußen ist feindliches Gebiet: die Agoraphobie 77
   Die Krankheitsgeschichte 77
   Wie die Beschwerden im einzelnen aussehen 80
   Der Behandlungsverlauf 87
   Ungefährliche körperliche Symptome 96
   ›Günstige‹ Bedingungen für Angstanfälle 97
   Zwei Arten von Angst 98

Ich versage bestimmt wieder: Die Sozialphobie 100
   Die Krankheitsgeschichte 100
   Wie die Beschwerden im einzelnen aussehen 102
   Der Behandlungsverlauf 107
   Wenn man den Umgang mit anderen nie gelernt hat 114

Auch Goethe kannte sie: die einfache Phobie 115
   Exkurs: die Konfrontation 117
   Die Krankheitsgeschichte 118
   Wie die Beschwerden im einzelnen aussehen 119
   Der Behandlungsverlauf 122

Gefahren lauern überall: die generalisierte Angststörung .. 125

Wie die Beschwerden im einzelnen aussehen 125
Therapeutische Möglichkeiten 128

Vom Grauen verfolgt:
die posttraumatische Belastungsreaktion 133
   Das Unfaßbare faßbar machen:
   therapeutische Möglichkeiten 134
   Die Auseinandersetzung mit bedrohlichen Situationen . 139

Rückfälle: wenn alles wieder von vorne beginnt 141

Die medikamentöse Behandlung von Ängsten 150
Grundsätzliches 151
   Welche Medikamente wirksam sind 153

Einleitung

»Dieser Tag hat mein Leben verändert! Alles begann auf dem Parkplatz vor der Schule. Wie jeden Morgen hatte ich die Kinder hingefahren und war gerade im Begriff, mich auf den Heimweg zu machen, als die Angst kam. Ich kann gar nicht richtig beschreiben, woran ich es zuerst merkte; alles war mit einem Schlag auf eine schreckliche Art in Frage gestellt. Mein Herz rammte mit einer unberechenbaren Heftigkeit seine Schläge bis in den Kopf, und gleichzeitig schien sich ein stählerner Ring eng um meine Brust zu legen. Ich mußte um Luft ringen, glaubte zu ersticken und war mir gewiß, in den nächsten Sekunden einen Herzinfarkt zu bekommen. Schreien konnte ich nicht, die Kehle war ausgetrocknet und mein Körper begann zu zittern, das Hemd naß von kaltem Schweiß. Mir wurde schwarz vor Augen...«

Dieses Buch handelt von Ängsten. Von Ängsten, die so stark sind, daß sie unsere Lebenspläne in Frage stellen. Es handelt aber auch von der Hoffnung und den therapeutischen Möglichkeiten, sich aus dem Irrgarten der Angst zu befreien.

Panik, Furcht, Angst oder Besorgnis empfinden wir immer dann, wenn wir uns auf irgendeine Art bedroht fühlen. Insofern ist dieser Gefühl ein sehr hilfreiches, oft lebenswichtiges Signal unseres Körpers. Es macht uns, manchmal sehr heftig, darauf aufmerksam, daß wir uns in Gefahr befinden. So wäre schon manch einer zu Tode gekommen, hätte ihn die Angst nicht beflügelt, im Angesicht eines mit quietschenden Reifen heranbrausenden Autos auf den rettenden Bürgersteig zu springen. Die Angst ist auch der Ursprung der Vorsicht. Sie überzeugt den Nichtschwimmer, eine Schwimmweste anzuziehen, bevor er sich mit einem Fischerboot aufs Meer hinaus traut.

Ängste werden aber zum Problem, wenn sie beginnen, uns zu beherrschen, wenn wir übervorsichtig werden und kein Vertrauen mehr in unsere Fähigkeiten setzen. Wenn solch eine Furcht über Wochen und Monate an Macht gewinnt und die

Betroffenen auf unangenehme Weise einschränkt, spricht man von einer Angststörung. Sie ist weitverbreitet (jeder siebte Bundesbürger erkrankt einmal im Leben daran) und galt noch vor einigen Jahren als schwer heibar.

Angststörungen können die unterschiedlichsten Formen annehmen. Der Bericht am Anfang beschreibt beispielsweise eine typische ›Panikattacke‹, die bei dem Betroffenen zu einer jahrelangen Furcht geführt hat. Die Angst, vielleicht schon das nächste Mal solch einen Anfall nicht zu überleben, hatte ihn gelähmt und dazu geführt, daß er sich nur noch in Begleitung aus dem Haus wagte. Er war fest davon überzeugt, nur knapp einem Herzinfarkt entkommen zu sein, obwohl ihm alle Ärzte übereinstimmend immer wieder seine gute Gesundheit bestätigt hatten.

Aber auch weniger dramatische Ängste und Befürchtungen können schon so stark behindern, daß eine Psychotherapie zur Wiedererlangung der alten Freiheit erwogen werden sollte. Ob man sich vor fremden Menschen fürchtet, unberechenbar in Panik gerät, Angst vor Krankheiten wie Herzinfarkt, Krebs und Aids bekommt oder unter anderen einschränkenden Ängsten leidet – durch moderne therapeutische Möglichkeiten ist in der Regel Hilfe möglich.

Wie das vor sich geht und auf was man sich mit dem Entschluß, eine Therapie zu beginnen, einläßt, schildert dieses Buch. Viele Menschen beschleicht nämlich immer noch ein mulmiges Gefühl bei dem Gedanken, sich einem ›Seelenklempner‹ auszuliefern. Aus diesem Grunde erscheint es sinnvoll zu beschreiben, bei welcher Art von Angststörungen welche Behandlungsmethoden wie durchgeführt werden. Und der (die) geneigte Leser(in) wird spätestens am Ende der Lektüre merken, daß Psychotherapie nichts mit Zauberei und willenlosem Sich-Ausliefern zu tun hat.

Dieses Buch aber ist nicht nur für Menschen geschrieben, die wissen wollen, wie man heutzutage Ängste behandelt. Es soll auch zur Selbsthilfe anregen. Viele der Übungen und Erklärungen, die auf den nächsten Seiten dargestellt sind, können interessierte Leser ein Stück weiterbringen bei dem Bemühen, ihre Ängste zu bewältigen.

Es gibt verschiedene wirksame Therapieverfahren, wie z. B. die ›Psychoanalyse‹, die ›Gesprächstherapie‹ und die ›Verhaltenstherapie‹, um die bekanntesten zu nennen. Speziell die Verhaltenstherapie hat in den letzten Jahren durch eine Vielzahl wissenschaftlicher Studien ihre Heilungserfolge auf dem Gebiet der Ängste eindrucksvoll belegen können. Die im folgenden beschriebenen Behandlungsmaßnahme fußen allesamt auf dieser Therapieform.

Die Verhaltenstherapie der Angst zeichnet sich insbesondere durch ihr Bemühen aus, die Patienten zu Spezialisten für ihre Störung auszubilden. Der Therapeut wird dann mit der Zeit überflüssig, weil die Betroffenen zunehmend lernen, wie sie ihre Probleme selbst überwinden können.

Um die Entwicklung von Erklärungsmodellen, die dem Patienten helfen, seine Angst besser zu verstehen, haben sich insbesondere Dr. Jochen Sturm und Mitarbeiter (1981, 1982, 1984, 1987) an der Psychosomatischen Fachklinik in Bad Dürkheim verdient gemacht. Ihnen ist es u.a. zu verdanken, daß es unter Verhaltenstherapeuten üblich geworden ist, Patienten über die Körperreaktionen während des Angsterlebens zu informieren. Die Angst wird nämlich schon allein dadurch in Grenzen gehalten, daß die Sorgen über bedrohlich erlebte Veränderungen im eigenen Leib (z. B. Furcht vor einem Herzinfarkt) wegfallen. Erklärungsmodelle sollen dazu dienen, die körperlichen Begleiterscheinungen der Angst als notwendige und gesunde Reaktion unseres Organismus zu verstehen. Die Wichtigkeit von Erklärungsmodellen wurde mittlerweile auch durch die universitäre Forschung erkannt.

Deshalb werden im vorliegenden Buch zunächst die Veränderungen des Herz-Kreislauf-Systems und anderer innerer Organe im Zustand von Angst erklärt. Dabei handelt es sich naturgemäß um sehr komplizierte Abläufe, aber es wurde versucht, sie so einfach wie möglich dazustellen. Falls trotzdem die eine oder andere Erklärung nicht ganz einleuchtet, lassen Sie sich nicht aus der Ruhe bringen! Im Verlauf das Buches werden die anfänglichen Unklarheiten bestimmt verständlich.

Abschließend bleibt zu bemerken, daß die überhandnehmende Angst eine Krankheit ist, die meist auf übermäßige Streßbelastung zurückzuführen ist. Damit unterscheidet sich diese Störung nicht von anderen ›psychosomatischen‹ Erkrankungen, wie z. B. Magenschleimhautentzündung, Bluthochdruck, Migräne oder Schlafstörungen. Wie wir bereits wissen, ist Angst ein Signal unseres Organismus, ein Hinweis auf eine mögliche Bedrohung. Die Angst aber, die uns krank macht, ist ein Zeichen dafür, daß in unserem Leben die Belastungen zu groß geworden sind.

Bei jedem Menschen wirkt sich Streß anders aus: Der eine bekommt eine Angststörung, der andere trinkt zuviel, der dritte hat Schlafstörungen. Obwohl die Erkrankungen verschieden sind, sind die Ursachen oft ähnlich. Viele Lebensprobleme, die in den später beschriebenen Patientenschicksalen zu Ängsten geführt haben, können bei anders ›gestrickten‹ Menschen zu anderen Erkrankungen führen. Vielleicht erkennen auch Sie sich in der einen oder anderen Geschichte wieder, auch wenn Sie nicht unter krankmachenden Ängsten leiden...

Allgemeiner Teil

Von den körperlichen und seelischen Grundlagen der Ängste

›Angst‹ ist ein sehr allgemeiner Begriff für eine große Palette von Gefühlen, Gedanken und körperlichen Zuständen. In der Psychologie bezeichnet ›Angst‹ all die Gefühle, die entstehen, wenn man sich bedroht fühlt. Viele Wissenschaftler machen eine sehr genaue Unterscheidung zwischen ›Angst‹ und ›Furcht‹. Ihrer Ansicht nach beschreibt ›Angst‹ die reine Gefühlsregung, ›Furcht‹ hingegen schließt zusätzlich Vermutungen der Betroffenen über die Ursache ihrer Angst und die darauffolgenden Handlungen (wie z. B. die Flucht vor der Bedrohung) ein. Wir werden die beiden Begriffe nicht so genau unterscheiden. Mit ›Angst‹ oder ›Furcht‹ werden im folgenden alle Gefühle, Gedanken, körperlichen Zustände und Verhaltensweisen gemeint sein, die in der Erwartung einer Gefahr in uns keimen.

Nun ist ›Gefahr‹ ein ebenso allgemeiner Begriff wie ›Angst‹. Für uns soll ›Gefahr‹ zunächst einmal eine Situation bezeichnen, in der wir glauben, in irgendeiner Form Schaden zu nehmen: Wir verspüren Angst, wenn es während des einsamen Waldspazierganges im Unterholz knistert und grunzt; wir verspüren Angst, wenn uns eine Prüfung bei einem unberechenbaren Lehrer bevorsteht.

Obwohl die Art der Bedrohung in beiden Situationen jeweils eine völlig andere ist, laufen gleiche Prozesse in uns ab. Wenn es grunzt und knistert, erstarren wir für den Bruchteil einer Sekunde – genauso wie in dem Moment, in dem wir erfahren, welches grausame Ungeheuer uns die Prüfung abnehmen wird. Kurz darauf, nach der Schrecksekunde, fängt es an, in uns zu arbeiten. Wir überlegen, was wohl Schlimmes auf uns zukommt und wie wir – wenn überhaupt – damit fertig werden könnten. Wir treffen eine erste Einschätzung der noch unklaren Gefahr und unserer Möglichkeiten, dieser möglichst wirksam zu begegnen.

Währenddessen schaltet unser Gehirn auf höchste Alarmstufe. Von einer Sekunde auf die nächste versetzt sich unser Körper in Alarmbereitschaft, um so schnell wie möglich Schutzmaßnahmen einsetzen zu können.

Diese Umschaltung auf äußerste Alarmstufe nennt man *›Notfallreaktion‹* oder *›Bereitstellungsreaktion‹*. Sie versetzt den Körper in die Lage, kämpfen oder flüchten zu können. Alle bei erhöhter körperlicher Leistungsfähigkeit nicht notwendigen menschlichen Regungen und Verhaltensweisen werden auf Sparflamme gesetzt: Wir müssen in Gefahrensituationen schnell laufen können und nicht entspannen, wir sollten schnell reagieren und keine komplizierten Gedankengänge durchspielen.

Falls die Ursache des Grunzens und Knisterns im Gebüsch ein Wildschwein ist, kann uns die Notfallreaktion durch die Stärkung der körperlichen Leistungsfähigkeit sehr gut in die Lage versetzen, so schnell wie möglich auf den nächsten Baum zu klettern. Die Notfallreaktion dient aber leider nur dazu, uns vor einer von außen kommenden körperlichen Bedrohung zu schützen. Bei einer Prüfungsvorbereitung helfen uns Muskelkraft und schnelles Reaktionsvermögen eher wenig!

Daß die Bereitstellungsreaktion in einer modernen Gesellschaft bei vielen bedrohlichen Situationen eher schadet als hilft, weiß jeder aus eigener Erfahrung. Erhöhter Herzschlag, zittrige Knie, Engegefühl im Brustkorb und weitere Anzeichen innerer Aufwühlung lassen niemanden in Prüfungssituationen oder beim ersten Rendezvous gut aussehen, geschweige denn einigermaßen klar denken ...

Körperliche Notfallreaktionen dienen wirklich nur dazu, schnell zu flüchten oder fest zuzuschlagen. Sie sind in unserer westlichen Industriegesellschaft, wo Revierkämpfe (beispielsweise im Betrieb zwischen Chef und Angestellten) zunächst mit Reden ausgetragen werden, lange nicht mehr so wertvoll wie bei unseren Urahnen, die ihre Höhle noch mit dem Knüppel verteidigen mußten.

Allerdings reagiert unser Organismus immer noch so, als seien die meisten Gefahren durch Wegrennen oder Prügeln aus der Welt zu schaffen. Und viele Menschen leiden darunter – aber davon später.

Um die Vorgänge, die während der Bereitstellungsreaktion im Menschen ablaufen, besser zu verstehen, sollten wir uns zunächst einmal ansehen, was in unserem Körper zur Vorbereitung auf effektives Flüchten und Kämpfen besonders gut funktionieren muß.

Angst ist, wie schon anfangs bemerkt, ein Gefühl, das sich im Zusammenhang mit einer noch nicht genau bekannten Gefahr entwickelt: Beim Knistern im Unterholz haben wir noch keine exakte Vorstellung von dem, was auf uns zukommt und wie wir uns verhalten sollen. Ein Wildschwein im Geäst wird bei uns völlig andere Verhaltensweisen hervorrufen als ein gestürzter Mountainbike-Fahrer.

Um schnell und zuverlässig darüber entscheiden zu können, ob man gerade in Gefahr schwebt oder nicht, richtet sich die Wachsamkeit ganz automatisch auf den Ort aus, von dem möglicherweise eine Bedrohung ausgeht: Konzentriertes Beobachten und besseres Hören, die gesamte Aufmerksamkeit haftet an der möglichen Gefahrenquelle; vergessen ist das Vogelgezwitscher und der schmerzende Knöchel, den man sich ein paar Meter vorher verknackst hat.

Daß solch eine Ausrichtung der Wahrnehmung tatsächlich passiert, erleben Sie immer dann, wenn plötzlich ein unerwartetes Geräusch aus einer Ecke in Ihrer Nähe ertönt. Augenblicklich dreht sich Ihr Kopf dorthin, und im Bruchteil der Sekunde sind alle Sinne darauf gerichtet, die Ursache des Geräusches ausfindig zu machen, wobei unser Denken routiniert alle Möglichkeiten durchspielt, die diesem Geräusch zuzuordnen wären und wie man sich dann verhalten müßte.

In diesem Moment der vollen Aufmerksamkeit nach außen spüren Sie nichts mehr von Ihrem Körper und, um beim Knistern während des Waldspazierganges zu bleiben, Sie genießen nicht mehr die gute Waldluft und die schönen Grüntöne des Laubs, die Sinnesfreude ist wie weggeblasen. Es existiert nur noch das Geräusch und die mögliche Gefahr im Gestrüpp, auf das Sie jetzt Ihren Blick richten. Alle Wahrnehmungen, die in Bezug auf die Bedrohung keine Rolle spielen, sind ausgeblendet.

Zur Vorbereitung auf mögliche Gefahren reicht natürlich die schnelle und konzentrierte Ausrichtung unserer Sinne allein nicht aus. Was nützt es uns, wenn wir ein Wildschwein genauestens dabei beobachten, wie es auf uns zustürmt, aber selbst nicht schnell genug davonlaufen können?! Unser Körper muß also ebenfalls in kürzester Zeit so ›eingestellt‹ werden, daß er fähig ist, schnell und kraftvoll Leistung zu erbringen.

Was sich in unserem Organismus abspielt, während unser Geist sich mit der möglichen Bedrohung beschäftigt, folgt im nächsten Kapital.

Wo nicht anders gekennzeichnet, sind die wissenschaftlichen Fakten dem Lehrbuch ›Biologische Psychologie‹ von Birbaumer und Schmidt entnommen).

Wie unser Körper auf Gefahr reagiert: die Bereitstellungsreaktion

Herz und Kreislauf

In einer gefährlichen Situation, in der körperliche Leistungsfähigkeit und Kampfkraft in besonderem Maße erforderlich werden könnten, spielt natürlich die Energieversorgung eine zentrale Rolle. Der Stoff, der unseren gesamten Körper mit Energie versorgt und Abfälle abtransportiert, ist das Blut. Durch die vielen, fein verästelten Adern (›Blutgefäße‹) kommt es an nahezu jede Stelle unseres Organismus. Das Blut als Transportmittel von Sauerstoff, Zucker und anderen Nährstoffen muß während der Bereitstellungsreaktion so günstig verteilt werden, daß überall dort, wo viele Nahrungsbausteine zur Energiebereitstellung gebraucht werden, immer gut für Nachschub gesorgt und der Abfall schnellstens entsorgt ist.

Hierzu müssen im Grunde zwei Bedingungen erfüllt sein:

1. Zur wirkungsvollen Verteilung müssen die fünf Liter Blut, die im Organismus fließen, so geleitet werden, daß den momentan wichtigen Körperregionen (in unserem Falle die Muskelgruppen zum Drauf- und Abhauen) sehr viel unseres roten Saftes zur Verfügung steht, ohne daß die Versorgung der anderen Organe (z. B. Gehirn oder Magen) zusammenbricht. Dies geschieht durch gezielte Verengung von Adern in den Bereichen unseres Körpers, in denen Blut nur zur ›Grundversorgung‹ gebraucht wird, andererseits durch Weitstellung der Blutgefäße, die zu aktuell wichtigen Stellen führen: Es findet eine ›*Umverteilung in Richtung Arm-, Bein- sowie sonstiger Kampf- und Fluchtmuskulatur*‹ statt. Zu diesem Zweck verengen sich die Adern im Bauchraum und die Verdauungstätigkeit wird eingeschränkt. Auch die Haut wird weniger durchblutet (was natürlich den Vorteil mit sich bringt, im Falle einer Verletzung dem Verbluten ent-

gegenzuwirken, zumal gleichzeitig die Gerinnungsfähigkeit des Blutes zunimmt).

Infolge der Minderdurchblutung durch Verengung der Adern wird die Haut meist ganz blaß (›bleich vor Schrekken‹) und kalt – man bekommt ›kalte Füße‹.

Auch die Durchblutung unseres Gehirns ist in geringerem Maße von der Blutumverteilung in Richtung Muskulatur betroffen.

2. Die zweite Bedingung zur wirksamen Energieversorgung besteht natürlich in ihrer Schnelligkeit, d. h. möglichst rasch möglichst viel Blut in Umlauf zu halten. Hierzu erhöht sich die Geschwindigkeit des Herzschlages (›Herzfrequenz‹) und das sogenannte Schlagvolumen. Das ist die Menge des Blutes, die das Herz, genauer die rechte Herzkammer, während eines Schlages aufnimmt und wieder über die linke Herzkammer in den Körper pumpt.

Während einer Notfallreaktion kann die Herzfrequenz (der Puls) von durchschnittlich 70 Schlägen pro Minute auf 180 oder mehr ansteigen und sich das Schlagvolumen verdoppeln.

In Ruhepausen wird etwa einmal pro Minute die dem Organismus insgesamt zur Verfügung stehende Blutmenge vollständig ›umgewälzt‹. Während der Bereitstellungsreaktion können nun infolge des drastisch erhöhten Pulses die fünf Liter bis zu fünf Mal pro Minute, immer wieder frisch mit Energie (Sauerstoff und Zucker) angereichert, durch unseren Leib gepumpt werden!

Zusammenfassend kann man also festhalten, daß das Herzkreislaufsystem durch gezielte Verengung bzw. Dehnung der Blutgefäße, ergänzt durch Steigerung der Herzfrequenz und des Schlagvolumens, ein sehr effektives Transportsystem auch unter hohen Leistungsanforderungen darstellt.

Natürlich muß der erhöhten Transportleistung auch die Zulieferung der Energiebausteine gerecht werden. Zu diesem Zweck verändert sich:

Die Atmung

Über den sogenannten Lungenkreislauf wird das ›verbrauchte‹ Blut, welches die rechte Herzkammer aus den großen Körpervenen aufnimmt, über die Lungenarterie in die Lunge geschickt. Dort gibt das Blut das Abfallprodukt Kohlendioxid (CO_2) zum Ausatmen ab und nimmt aus der eingeatmeten Luft Sauerstoff (O_2) auf. Danach gelangt das Blut in die linke Herzkammer und wird von dort über die Körperhauptschlagader (Aorta) je nach Bedarf im Körper verteilt.

Man kann sich leicht denken, daß die Lungen ebenfalls verstärkt arbeiten müssen, wenn das Herz seine Leistung erhöht. Die Lungen verändern ihre Leistung vom Prinzip her genauso wie das Herz. Im Rahmen der Notfallreaktion wird die Atmung schneller und die Lungenflügel stellen sich weit. Auf diese Weise wird schneller und mehr ein- und ausgeatmet und damit die Energieversorgung gesichert.

Die Skelettmuskulatur

Ein weiterer Schritt zur Vorbereitung körperlicher Leistungsentfaltung besteht darin, daß sich die Grundspannung (der ›Tonus‹) unserer Muskulatur erhöht.

Alle Muskeln im menschlichen Organismus haben eine gewisse Grundspannung, ohne die wir ganz in uns zusammensakken würden, wie das beispielsweise bei einem Ohnmachtsanfall tatsächlich passiert. Dieser ›Muskeltonus‹ verändert sich ständig. Während des Schlafens und in Entspannungsphasen ist er geringer, bei Anspannung und Aufregung (also auch im Rahmen der Bereitstellungsreaktion) steigt er an. Der Sinn der Tonuserhöhung liegt auf der Hand: Muskeln erfüllen ihre Funktionen, indem sie sich anspannen. Oder kennen Sie jemanden, der entspannt Gewicht hebt?

Die Befehle zur Arbeit werden unserer Muskulatur durch Nerven (›Motoneurone‹) übermittelt. Wenn nun die Nervenfasern verstärkt ›unter Strom‹ stehen und die Muskeln schon vorgespannt sind, ist auch der Sprung zur vollen Leistungsentfaltung schneller möglich. Nach einem tiefen Schlaf rekelt und streckt man sich und ›heizt‹ dadurch die Muskeln etwas an. Jeder Sportler wärmt sich vor dem Wettkampf auf; niemand käme auf die Idee, gleich morgens, nachdem der Wecker geklingelt hat, einen Weltrekord aufstellen zu wollen. Um volle Leistung zu bringen, müssen die Muskeln warm und geschmeidig sein.

In diesem Zusammenhang ist auch das Zittern (vor Kälte oder aus Angst) zu erklären: Unsere Muskulatur erzeugt durch ihre Arbeit Wärme. Zittern ist Muskelarbeit, die dazu dient, Wärme herzustellen und damit die Aktionsfähigkeit des Körpers zu gewährleisten. Im Prinzip ist das wie bei einem Motor, auch er muß warmgelaufen sein, bevor er voll leistungsfähig ist.

Parallel zur Anspannung der Muskulatur wird im Rahmen der Bereitstellungsreaktion auch ein Kühlsystem des Körpers aktiviert:

Die Schweißdrüsen

Obwohl wir beim Rascheln im Gebüsch immer noch nicht wissen, ob wir tatsächlich gefährdet sind und Kräfte entfalten müssen, funktionieren unsere Schweißdrüsen schon so, als müßte ein hart arbeitender Körper gekühlt werden. Im Gegensatz zu dem Schweiß, der bei körperlicher Anstrengung ausgeschieden wird, fühlt sich Angstschweiß kalt an. Das kommt daher, daß infolge ihrer Verengung die Adern der Haut nur wenig Blut führen und dadurch entsprechend weniger Wärme abgegeben werden kann. Bei körperlicher Anstrengung ist die Haut gut durchblutet, da die Blutgefäße der Haut weit gestellt sind. Über die Verdunstungskälte, die durch das Schwitzen entsteht, wird das Blut unter der Haut gekühlt, bevor es ins Körperinnere gepumpt und wir vor ›Überhitzung‹ bewahrt werden.

Der biologische Sinn der Schweißabsonderung liegt beim Angstschweiß bestimmt nicht nur in der Kühlfunktion. Schweiß dient auch dazu, die Haut glitschig zu machen und einem möglichen Feind das Zupacken zu erschweren (Margraf & Schneider 1990).

Weitere Veränderungen

Während wir gebannt die ›Gefahrenquelle‹ (das raschelnde Gebüsch) beobachten, passiert noch weit mehr in unserem Organismus als bisher dargestellt. Wir merken gar nicht, daß wir einen trockenen Mund bekommen, daß weniger Speichel produziert wird, weil sowieso das gesamte Verdauungssystem auf Sparflamme gesetzt ist. Es wäre auch völlig unzweckmäßig, jetzt an Steaks zu denken und das Wasser im Munde zusammenlaufen zu lassen. Das flaue Gefühl im Magen — es ist ebenfalls auf die veränderte Verdauungstätigkeit zurückzuführen — fällt uns auch erst richtig auf, wenn die Gefahr gebannt ist.

Zusätzlich erhöht sich die Empfindlichkeit des Sehens, des Hörens und des Gleichgewichtssinnes. Beispielsweise werden die Pupillen unserer Augen weitgestellt, wodurch sich wie bei einem Fotoapparat die Tiefenschärfe verringert. Das hat den Vorteil, daß man die Entfernung zu dem möglicherweise bedrohlichen ›Ding‹ genauer einschätzen kann.

All diese organismischen Umschaltungen laufen innerhalb von Sekundenbruchteilen ab, und Sie können sich wohl vorstellen, daß dieses perfekte Zusammenspiel unterschiedlichster Organe ohne eine Steuerungszentrale nicht möglich wäre. Das System, das für die Aktivierung und Koordination der notwendigen Organe bei der Bereitstellungsreaktion größte Bedeutung hat, heißt ›Sympathikus‹ und ist Teil unseres ›Vegetativen Nervensystems‹ (auch ›Autonomes Nervensystem‹ genannt).

Zwei Seelen — nicht nur in unserer Brust:
das Autonome Nervensystem

Das Autonome Nervensystem dient der Steuerung der inneren Organe. Es besteht im Wesentlichen aus zwei Untersystemen: dem anregenden Sympathikus und dem entspannenden Parasympathikus.

Außer dem *Autonomen Nervensystem* gibt es in unserem Körper noch zwei weitere Nervensysteme:

Das *Motorische Nervensystem* ist für die Muskulatur zuständig und macht es uns möglich, gezielt und bewußt Bewegungen auszuführen und die Körperhaltung einzunehmen, die wir einnehmen wollen. Dann gibt es noch das *Sensorische Nervensystem*, das für die Steuerung unserer Sinnesorgane verantwortlich ist.

Das *Autonome Nervensystem* heißt so, weil es unsere inneren Organe autonom, d.h. selbständig, ohne unsere Willensanstrengung steuert. Das ist insofern ganz praktisch, als wir beispielsweise nicht ständig daran denken müssen, unser Gehirn ausreichend zu durchbluten oder die Nahrung im Darm mit der notwendigen Gründlichkeit weiterzutransportieren und zu verdauen. Ungünstig wird es aber spätestens dann, wenn vor Aufregung — und natürlich ganz autonom — das Herz zu rasen anfängt und wir kaum noch sprechen können, weil wir einen Kloß im Hals haben und der Munde so trocken ist, daß die Zunge am Gaumen kleben bleibt ...

Aber es gibt ›Tricks‹, das Autonome Nervensystem zu beeinflussen. Entspannungsmethoden wie das Autogene Training gehören dazu, und über bestimmte Vorstellungsbilder täuscht man ganz alltäglich Drüsen und innere Organe und bringt sie dazu, zu reagieren, als sei die Vorstellung Wirklichkeit. (Jedem läuft das Wasser im Munde zusammen, wenn er sich ganz plastisch sein Lieblingsessen vorstellt — liebevoll zugerichtet, herrlich duftend... mmh!)

Spezialisten im willentlichen Steuern ›autonomer Reaktionen‹ sind indische Fakire. Offensichtlich sind sie fähig, beispielsweise die Durchblutung der Mundregion so zu regeln, daß sie einen spitzen Stab durch die Zunge stoßen können, ohne daß es blutet und natürlich auch ohne Schmerzempfinden! Zum Trost: Wir hier im Westen haben auch schon die Möglichkeit, etwa unter Hypnose Mandeloperationen durchzuführen und dabei die Durchblutung im Rachenraum zu kontrollieren...

Nun aber zurück zu unseren zwei Strängen des vegetativen Nervensystems, dem anregenden Sympathikus und dem entspannenden Parasympathikus.

Auf die Plätze, fertig, los: der Sympathikus

Der Sympathikus steuert den körperlichen Ablauf während der Bereitstellungsreaktion. Er erhöht die Herzfrequenz, vergrößert das Schlagvolumen des Herzens und das Fassungsvermögen der Lungen. Er bringt die Schweißdrüsen zum Schwitzen, verengt die Adern der Haut und des Bauchraums, ja sogar des Gehirns. Er läßt die Leber mehr Zucker und die Fettzellen mehr Fettsäure ins Blut geben. Notfallreaktionen werden noch zusätzlich dadurch beschleunigt und verbessert, daß der Sympathikus über die Nebennieren die sogenannten ›Streßhormone‹ Adrenalin und Noradrenalin in die Blutbahn schüttet. – Ein Adrenalinstoß kann die Herzfrequenz von einem Schlag zum nächsten verdoppeln!

Der Sympathikus ist aber nicht nur für die Notfallreaktion im Zustand von Angst verantwortlich. Er hat in allen Situationen die Oberhand, in denen es um *Bereitstellung von Energie zur Kraftentfaltung jeglicher Art* geht. Alle körperlichen Anstrengungen, seien es sportliche Aktivitäten oder schwere körperliche Arbeit, aktivieren den Sympathikus, und der wiederum ermöglicht es, diese Anstrengungen über einen längeren Zeitraum durchzuhalten.

Die Aktivität des Symphathikus steigert sich aber nicht nur im Rahmen von Ängsten und körperlicher Leistungsentfaltung, sondern bei allen Gefühlsregungen, die mit ›Anregung‹

zu tun haben (z. B. bei Wut, Ärger und ›Streß‹, aber auch bei Freude...). Zwar wirkt sich diese ›sympathikotone Aktivierung‹ (so der Fachausdruck für die erhöhte Leistung des Sympathikus) beim Sport nicht haargenau so aus wie bei Ärger, und bei Angst wiederum etwas anders als bei Wut, jedoch sind viele Reaktionen (erhöhter Puls, schneller Atem, verstärkte Muskelanspannung, Umverteilung des Blutes) bei körperlicher Anstrengung ähnlich denen bei ›aufregenden‹ Gefühlszuständen:

Wenn Sie sich jetzt hinstellen, zehn Kniebeugen machen, dann aufrecht und plötzlich still stehen bleiben, werden Sie zumindest andeutungsweise Körpergefühle haben, die Ihnen auch aus aufregenden Situationen bekannt sind. Achten Sie nur einmal auf Ihren etwas trockener gewordenen Mund, Ihr schneller schlagendes Herz und das wackelige Gefühl in den Beinen!

Im Großen und Ganzen gleichen sich also alle Körperreaktionen, bei denen unser Sympathikus Regie führt. Es können die verschiedensten positiven oder negativen Gemütsbewegungen (Freude, Furcht, Wut, Ärger usw.) mit einem starken Erregungszustand verbunden sein. Angst ist ohne körperliche Erregung nicht vorstellbar, körperliche Erregung jedoch ohne Angst!

Letzteres ist im Rahmen der Behandlung von Angststörungen von eminenter Wichtigkeit. Viele Angstpatienten deuten heftige körperliche Reaktionen, mögen sie infolge einer körperlichen Anstrengung, eines ärgerlichen, schmerzhaften oder freudigen Ereignissen entstanden sein, zunächst als Angst: Eine unserer Patientinnen bekam nach jeder Auseinandersetzung mit ihrem Chef, in der von seiner Seite die Bemerkung fiel, sie sei viel zu fett, eine ›Angstattacke‹ mit Schweißausbrüchen und starkem Herzklopfen. Daß sie ihn vor Wut am liebsten verprügelt hätte, wurde ihr erst in der Therapie klar.

Umgekehrt hat man auch zeigen können, daß nicht nur Wut als Angst, sondern auch ängstliche Erregung als Wut gedeutet werden kann: Viele Fallschirmspringer-Anfänger werden kurz vor ihrem ersten Absprung irgendwie zornig und gereizt. Sie erleben ihre Aufregung als Ärger, statt sie als Verunsicherung und Angst vor der Gefahr des ersten Sprunges zu verstehen. (Epstein 1977).

Erregung kann man also falsch interpretieren und das kann fatale Folgen für die psychische Gesundheit haben.

In der Ruhe liegt die Kraft: der Parasympathikus

Bisher haben wir uns nur mit der Bereitstellungsreaktion und der Rolle des sympathischen Nervensystems im Rahmen von Ängsten beschäftigt. Aber bei der Erläuterung der Erscheinungsformen von Angst darf der ›Partner‹ des Sympathikus nicht aus dem Blickfeld geraten. Die ›Schrecksekunde‹, in der ›das Herz stehenbleibt‹ oder ein Ausdruck wie ›vor Angst in die Hose machen‹ beschreiben plastisch, daß es wohl noch andere körperliche und seelische Reaktionen auf Bedrohung gibt.

Wie wir jetzt wissen, treibt das Sympathische Nervensystem das Herz an und stoppt die Verdauungstätigkeit. Wenn einem das Herz in die Hose rutscht, passiert aber offensichtlich sehr viel mehr im Bauch als im Brustkorb!

Für derartige Angstreaktionen ist das Parasympathische Nervensystem verantwortlich. Stark vereinfacht erklärt, hemmt es sämtliche organismischen Abläufe, die der Sympathikus antreibt, und unterstützt all die körperlichen Aktivitäten, die der Sympathikus hemmt. Wir sehen hier also, daß (fast) alle unsere Eingeweide von Sympathikus *und* Parasympathikus gesteuert werden.

Das Sympathische Nervensystem stellt uns durch seine Art der inneren Aktivierung Kräfte zur Verfügung, um Leistung entfalten zu können. Das Parasympathische Nervensystem ist für alle Abläufe verantwortlich, die der Regeneration und Energiegewinnung dienen.

Das Parasympathische Nervensystem hat immer dann die Oberhand, wenn wir genüßlich essen, uns ausruhen, entspannen, schlafen oder ›gemütlich‹ zusammensitzen. In solcher Verfassung empfinden wir meist eine wohlige Wärme (die Haut ist gut durchblutet) und Schwere (die Skelettmuskulatur ist entspannt). Wir fühlen uns bei verlangsamtem Herzschlag und (manchmal) einem Blubbern im Darm eher träge; die Atmung ist weder besonders schnell noch tief. Unser Körper ist umgeschaltet auf Ruhe und Entspannung, er ist fernab jeglicher kämpferischer Leidenschaft – er will seine Ruhe und regt sich nicht gerne. (Zerbrechen Sie sich jetzt aber bitte nicht den Kopf darüber, warum dieser ›angenehme‹ Strang des Autonomen Nervensystems Parasympathikus heißt, wo er doch so sympathische Zustände erzeugt...)

Nun darf man sich nicht vorstellen, daß sich sympathische und parasympathische Aktivitäten des Autonomen Nervensystems ausschließen. Sympathikus und Parasympathikus sind zwei ›Stränge‹, die eine Einheit bilden, in der jeder Teil auf den anderen abgestimmt ist. Wie bei einer Waage, die ohne Gegengewichte ihre Funktionsfähigkeit einbüßen würde, sind zur Steuerung unserer Körperfunktionen immer beide Systeme, beide Seiten notwendig.

Sie können sich sicherlich vorstellen, daß niemand überleben könnte, wenn wir nur vom Sympathikus angetrieben würden: unser Leib ständig von Adrenalinstößen hochgeputscht im ›roten Bereich‹ drehend, ohne Schlaf, ohne Essen und Verdauen, ohne irgendeine Möglichkeit, neue Energien wiederaufzubauen...

Umgekehrt ist ein Ohnmachtsanfall ein gutes Beispiel für die dämpfende Macht des Parasympathikus!

Parasympathische Angstanfälle

Neben den bekannten Veränderungen der Verdauung und Ausscheidung (›Schiß haben‹), die auf ein verstärktes Arbeiten des Parasympathikus angesichts einer Bedrohung schließen lassen, ist auch die Ohnmacht eine häufig vorkommende parasympathisch gesteuerte Angstreaktion. Sie entsteht aufgrund eines plötzlichen Blutdruckabfalls. Herzfrequenz und Schlagvolumen nehmen ab und die Blutgefäße werden weitgestellt. Das Blut versackt dann förmlich im Körper (Simons, Schultheis & Köhle 1981).

Parasympathisch gesteuerte Angstanfälle sind längst nicht so gut erforscht wie die oben besprochenen sympathikotonen Bereitstellungsreaktionen, obwohl fast jeder Schreck mit einer kurzzeitigen ›Erstarrung‹, mit Veränderung der Atmung und des Herzschlags in Richtung ›nur nicht rühren‹ beginnt. Auch der Totstellreflex bei Tieren geht mit massiv reduzierter Herzfrequenz und extrem flacher, sehr langsamer Atmung einher. In diese Kategorie der Angstreaktionen gehört ebenfalls die plötzlich einsetzende Müdigkeit:

So schildert der Psychiater Rudolf Bilz in seinen ›Studien über Angst und Schmerz‹ die Reaktion eines Soldaten, der wegen seiner ›Unbekümmertheit‹ von allen Kameraden bewundert wurde: Sobald es Bombenalarm gab, fiel der Gefreite unmittelbar in einen tiefen Schlaf.

Bilz berichtet auch von dem ›plötzlichen Herztod‹, den er als die stärkste Form parasympathisch gesteuerter Schockreaktionen bezeichnet. Es ist kein Gemeimnis, daß extremste Schockerlebnisse beim Menschen lähmend wirken und zu einem Herzstillstand führen können. Auch bei Versuchen mit Tieren hat man das nachweisen können. Obwohl das nun folgende Beispiel wahrlich nicht zum Ruhm psychologischer Forschungsethik beiträgt, möchte ich zumindest einen wissenschaftlichen Versuch zur Klärung des plötzlichen Herztodes zitieren:

Zunächst warf man wilde Ratten in ein mit Wasser gefülltes Gefäß, aus dem keinerlei Entrinnen möglich war. Die Tiere erstarrten förmlich und starben recht schnell an Herzversagen.

In einem zweiten Experiment wurde ein Stöckchen zum Herausklettern in das Gefäß gegeben und die Ratten, die man dann hineinwarf, konnten lernen, daß ein Ausweg aus dem nassen Gefängnis existierte. Wurden nun die Tiere mit dieser hoffnungsvollen Erfahrung erneut in das Gefäß geworfen, aus dem man aber vorher den Stock wieder herausgezogen hatte (!), zeigten sie eine starke Erregung: Sie strampelten und zappelten mit allen Kräften.

Man könnte auf den Gedanken kommen, die Ratten hätten im ersten Experiment irgendwie gemerkt, daß es kein Entrinnen gibt und ein ›parasympathischer Mechanismus‹ den Herzschlag gestoppt hat, um die unnötig lange Qual der ausweglosen Situation (die ›tödliche Langeweile‹) zu verhindern und sie schnell zu erlösen. Ist dagegen (im zweiten Experiment) die Erfahrung gemacht, daß anscheinend ein Weg aus dem Gefängnis existiert, aktiviert der Sympathikus alle Kräfte.

Für den müden Soldaten mag jeder Bombenangriff chancenloses Ausgeliefertsein, hoffnungslose Ausweglosigkeit bedeutet haben. Eine Bedrohung, der er nichts entgegenzusetzen hat und darum ›entschläft‹.

Ein weiteres Beispiel für extrem parasympathisch dominierte Reaktionen auf Bedrohung ist der sogenannte Voodoo-Tod bei verschiedenen Naturvölkern. Hat ein Stammesmitglied wichtige Regeln gebrochen, spricht der Medizinmann die Verbannung als Strafe aus und sagt den Tod des Verurteilten voraus. Hierdurch befindet sich der Deliquent in einer Lage, aus der es für ihn kein Entrinnen gibt. Er wird nie mehr von seinem Stamm aufgenommen werden und kann sich als Verbannter nicht erlauben, bei einem anderen Stamm um Aufnahme zu bitten. Weiterhin hat der Medizinmann mit seinen Prophezeiungen *immer* Recht, d. h. der Verurteilte weiß (bzw. glaubt – aber das macht keinen Unterschied), daß er sterben wird. In dieser ausweglosen Situation stirbt er tatsächlich innerhalb kürzester Zeit an einer parasympathikotonen Überreaktion. Er wird apathisch und alle lebenserhaltenden, aktivierenden Funktionen versiegen, bis sein Herz aufhört zu schlagen.

Nun aber zurück in die ›Zivilisation‹, zu den anfangs erwähnten Ohnmachtsanfällen. Solche Anfälle treten bei körperlich Gesunden meist in Situationen auf, in denen sich die Betroffenen bedroht fühlen, diese Bedrohung aber weder beeinflussen noch aus ihr entfliehen können. Eine Verminderung der Bedrohlichkeit einer Situation wird häufig schon dadurch erreicht, daß man sich durch das Ausdrücken der inneren Spannung Erleichterung verschafft (z. B. beim Achterbahnfahren schreien). Genau das ist aber nicht immer und überall ›erlaubt‹. Nehmen wir als Beispiel den Medizinstudenten, der zum ersten Mal einer Operation, einer Beinamputation, bewohnt. Es ist schon grausam genug für ihn zu sehen, wie der Oberschenkel aufgeschnitten wird. Bevor der Chirurg dann die Knochensäge ansetzt, kippt unser angehender Doktor um. Er durfte sich einfach nicht erlauben, laut seinem Entsetzen Ausdruck zu verleihen, obwohl genau das ihn vor dem

Ohnmachtsanfall bewahrt hätte. Es gibt genügend Untersuchungen, die belegen, daß die (laute) Äußerung von Angstgefühlen zur Normalisierung von Puls- und Blutdruckwerten führt! (Engel 1962).

Anhand des letzten Beispiels wird deutlich, daß wir uns auch selbst ›ausweglose‹ Situationen schaffen und unser Körper entsprechend reagiert.

Die Aufgaben des Gehirns bei Angstreaktionen

Wer die vorhergehenden Kapitel aufmerksam gelesen hat, wird sich vielleicht gewundert haben, daß im Zusammenhang mit der vom Sympathischen Nervensystem gesteuerten Notfallreaktion auch das Muskelzittern erwähnt wurde. Natürlich wird die Erregung der Skelettmuskulatur nicht über das Autonome, sondern über das Motorische Nervensystem vermittelt. Auch die Schärfung unserer Sinnesleistung läuft weitgehend über sensorische Nervenbahnen und nicht über autonome (Ausnahme: Weitstellung der Pupillen). Offensichtlich sind also nicht alle körperlichen Veränderungen, die im Rahmen der Bereitstellungsreaktion auftreten, mit Hilfe des Autonomen Nervensystems zu erklären. Zum besseren Verständnis müssen wir uns mit den Vorgängen in unserem Gehirn beschäftigen, zumal dort auch die Angst mit den entsprechenden Gefühlsregungen und Gedanken vervollständigt wird.

Eigentlich ist es völlig logisch, daß bei solchen komplizierten leib-seelischen Abläufen wie einer Angstreaktion alle möglichen organismischen Systeme eingeschaltet sind. In unserer obersten Schaltzentrale, dem Gehirn, wo die Nervenstränge des Autonomen, des Motorischen und des Sensorischen Nervensystems zusammenlaufen und die ein- bzw. ausgehenden Informationen verwertet werden, ist die Unterscheidung der verschiedenen Stränge nicht mehr möglich. Sie sind miteinander aufwendig vernetzt und bilden Systeme, die die Steuerung all unserer verschiedenen körperlichen Reaktionen und deren Erleben erst möglich machen. Die nächsten Seiten sind dem Aufbau und den hier interessierenden Funktionen des menschlichen Gehirns gewidmet.

Die menschliche Dreifaltigkeit

Nach dem Zweiten Weltkrieg stellte der kanadische Neurophysiologe MacLean eine Theorie zur Einteilung des Zentralnervensystems (das aus Gehirn und Rückenmark besteht) auf, die auch heute noch brauchbar ist.

Danach besteht unser Gehirn aus drei Teilen, die entwicklungsgeschichtlich nacheinander entstanden sind. Seine Form erinnert an einen Pilz.

Dem umfangreichen, außen liegenden Teil des Pilzhutes entspricht unsere Großhirnrinde (›Neocortex‹), die auch den größten Teil des Gehirns ausmacht. Sie ist der ›modernste‹ Teil des Zentralen Nervensystems – erst vor einer halben Million Jahre begann sie, sich zu ihrer jetzigen Größe zu entwickeln. Alle Fähigkeiten, worin wir Menschen (im Guten wie im Schlechten) den Tieren überlegen sind, verdanken wir den Leistungen unseres Großhirns. Es ordnet die ständig eintreffenden Sinneseindrücke, wertet sie aus, übersetzt sie in Sprache, Bilder und andere Formen unserer Erlebnismöglichkeiten. Hier haben ›sprachliche, geistige, moralische und ästhetische Leistungen‹ ihren Ursprung. (Creutzfeld 1983)

Unter der Großhirnrinde eingeschlossen liegt das Zwischenhirn. Es ist der zweitjüngste Teil unseres Gehirns, es ist erst bei den frühen Säugetieren entstanden. Hier gibt es Zentralen, die an der Entstehung unserer Gefühle beteiligt sind und maßgeblich bestimmen, ob wir in bestimmten Situationen eher positive oder eher negative Empfindungen haben.

Im Zwischenhirn liegen auch die Schaltstellen des Autonomen Nervensystems. Von hier aus werden die Schweißdrüsenaktivität sowie die Durchblutung der Haut und der Skelettmuskulatur gesteuert. Hier befindet sich die Kommandozentrale des Sympathikus, d. h. von hier gehen die Befehle aus, die eine Bereitstellungsreaktion starten.

Das Stammhirn ist der älteste Teil unseres Gehirns. Es entwickelte sich bereits bei den Reptilien, weshalb es MacLean auch ›Reptiliengehirn‹ nannte. Es ist die Fortsetzung des Rückenmarks und entspricht, wenn wir bei dem Pilzvergleich bleiben, dem Stiel. Im Stammhirn werden die wichtigsten Lebensfunktionen reguliert: Herzschlag und Atmung. Auch die Steuerung des Grades unserer Wachheit geht von hier aus: Ob wir tief schlafen oder hellwach sind, das Stammmhirn hat seine Finger im Spiel.

Die drei Teile unseres Gehirns erfüllen, wie wir gerade gesehen haben, sehr unterschiedliche Aufgaben. Zu einem gewissen Grad bilden die drei ein System, das nach oben hin (also vom Stammhirn zur Großhirnrinde) zunehmend feinere Aufgaben übernimmt.

Durch diesen Aufbau des Gehirns kann beim gesunden Menschen die jeweils untergeordnete Einheit von den darüberliegenden gelenkt, nicht aber ausgeschaltet werden: Wir können beispielsweise unsere Gefühle (im Zwischenhirn beheimatet) durch vernünftiges Nachdenken (Großhirnrinde) in ihrer Intensität verändern. So hat beispielsweise jeder die Erfahrung gemacht, daß heftige Angstgefühle vorübergehend zu vermindern sind, indem man sich einredet, es gebe keinen Grund, übertriebene Angst zu entwickeln.

Jedoch können wir die Angst und das dazugehörige Herzklopfen durch bloße Willensanstrengung (Großhirn) nicht einfach abschalten. Umgekehrt heißt das natürlich auch, daß unser Denken und Wahrnehmen – all das, was sich in der Großhirnrinde zu typisch menschlichen Fähigkeiten ausbildet – immer auch von unseren Gefühlen und Stimmungen abhängig ist. Wenn wir uns ängstlich und verunsichert fühlen, ist beispielsweise die Klarheit unseres Denkens eingeschränkt. Wir sehen plötzlich dort Probleme, wo uns bei guter Stimmung alles völlig harmlos erscheint.

Die Gedanken und Gefühle wiederum sind in ihrer Deutlichkeit und Stärke von dem Grad unserer Wachheit (vom Stammhirn gesteuert) abhängig.

Je größer die Müdigkeit, um so gleichgültiger wird man auch bedrohlichen Situationen gegenüber. Ein übermüdeter Autofahrer ist sich nie in vollem Ausmaß bewußt, wie gefährlich er gerade lebt! Anderseits wird auch die Arbeit unseres Stammhirns von Gedanken und Gefühlen bestimmt: Wir empfinden keine Müdigkeit, wenn beängstigende Gedanken im Kopf kreisen; Ängste können die Ursache von Schlafstörungen sein.

Wie nun das Zusammenspiel unserer drei Gehirnteile im Angesicht einer Bedrohung funktioniert, werden Sie auf den nächsten Seiten genauer erfahren.

ARAS und die Folgen

Wie wir bereits gehört haben, werden durch das Stammhirn die grundlegenden Lebensfunktionen wie Wachen, Schlafen, Herzschlag und Atmung reguliert. Diejenige Abteilung des Stammhirns, die über Wachen und Schlafen bestimmt, startet auch die Bereitstellungsreaktionen, sobald wir uns in Gefahr befinden. Sie heißt ›Formatio reticularis‹, was übersetzt etwa ›netzartige Anordnung‹ bedeutet. Sie hat diesen Namen, weil sie über ein kompliziertes Netz von Nervensträngen mit vielen Teilen des Gehirns in Verbindung steht. Ihre Arbeit kann man sich wie die einer Batterie vorstellen, die je nach Bedarf mehr oder weniger Strom liefert.

Im Falle einer Bedrohung wird unser gesamtes Gehirn vom Stammhirn aus über das Netz von Nervensträngen blitzschnell stärker ›unter Strom‹ gesetzt. Dadurch sind wir fast augenblicklich in der Lage, auf die Gefahr zu reagieren, zumal auch der Sympathikus infolge dieses Stromstoßes verstärkt zu arbeiten beginnt.

Das gesamte Nervennetz, das von der Formatio reticularis im Stammhirn aus unser Gehirn aktiviert, heißt ›Aufsteigendes retikuläres (= netzartiges) Aktivierungssystem‹, abgekürzt ›ARAS‹.

Wir wissen jetzt zwar, daß unser Gehirn im Rahmen einer Notfallreaktion durch das ARAS aktiviert wird, aber woher ›weiß‹ unser Stammhirn, wann es mehr und wann weniger Strom liefern soll?

Aktivierung:
woher wir wissen, wann etwas nicht stimmt

Unsere Sinnesorgane verarbeiten ständig all das, was außerhalb oder auch innerhalb unseres Körpers passiert. Diese Einflüsse (Geräusche, Farben, Formen, Gerüche, Temperatur usw.) werden ohne Unterlaß im Großhirn mit Hilfe des Zwischenhirns auf ihre Wichtigkeit hin kontrolliert. Dies geschieht völlig automatisch und ohne daß wir es merken. Wir haben also eine

Art Wachdienst im Kopf, der uns dann auf etwas aufmerksam macht, wenn es ihm in irgendeiner Form bedeutsam erscheint. Ob wir etwas ›bewußt‹ merken, hängt also zunächst von der Entscheidung ab, die bestimmte Gehirnzellen für uns treffen, nicht von unserer Willensanstrengung.

Sobald unserem ›Wachdienst‹ etwas Wichtiges auffällt, weckt er mit Hilfe des ARAS unsere bewußte Aufmerksamkeit.

Der Vergleich mit einer Alarmanlage bietet sich an: In dem Moment, in dem sich im Tresorraum etwas verändert, schalten sich die Scheinwerfer ein und die Sirene heult los.

Welche Veränderungen uns bewußt werden und welche nicht, hängt davon ab, wie überraschend, neu, heftig, intensiv, fremdartig oder in einer anderen Form wichtig sie unserem Wachdienst erscheinen. Der Wechsel von großen und kleinen Buchstaben in dem Satz, den Sie gerade lesen, ist normalerweise nicht in der Lage, in besonderem Maße Ihre Aufmerksamkeit zu erregen.

Eine Fliege, die plötzlich auf Ihrem Buch landet, schon eher. Bei jeder Neuigkeit, die unserem unbewußten Wachdienst wichtig erscheint, wird das Stammhirn informiert und damit das ARAS gestartet.

Wie stark die Aktivierung unseres Gehirns durch das ARAS ausfällt, hängt davon ab, wie heftig und unerwartet die Neuigkeit ist. Die Fliege, die auf Ihrem Buch landet, wird nur eine kleine und schnell vorübergehende Veränderung Ihrer Aufmerksamkeit erzeugen. Psychologen nennen das eine ›Orientierungsreaktion‹.

Das Gebüsch, aus dem ein Wildschwein faucht, wird unser ARAS wesentlich stärker arbeiten lassen: Stammhirn, Zwischenhirn und Großhirnrinde werden in Sekundenbruchteilen bereit sein, die Arbeitsleistung des Sympathikus zu vervielfachen, die Muskelspannung zu erhöhen und alle Sinnesorgane auf die mögliche Gefahr hin auszurichten. Das ARAS verhilft uns damit zur möglicherweise lebensrettenden Bereitstellungsreaktion.

Jede Bereitstellungsreaktion hat ein Ende: die Habituation

Solange unser Gehirn ›unter Strom‹ steht, dauert auch die Bereitstellungsreaktion mit all den körperlichen Begleiterscheinungen an, damit wir ›im Falle eines Falles‹ die notwendigen Kräfte zum Flüchten oder Kämpfen zur Verfügung haben. Aber die von der Formatio reticularis ausgehende erhöhte ›Stromversorgung‹ kann natürlich auch von anderen Stellen des Gehirns aus wieder gedämpft werden.

Diese Dämpfung der ARAS-Aktivität setzt dann ein, wenn der ›Wachdienst‹ in unserem Gehirn den Eindruck hat, daß die Gefahr gebannt und weitgehend Ruhe eingekehrt ist. In der Folge verringert sich dann auch die Leistung des Sympathikus, und unser Herz-Kreislauf-System pendelt sich wieder auf ein normales Maß ein. Diese körperliche und seelische Beruhigung, die sich durch die Dämpfung der ARAS-Aktivität einstellt, nennt man ›*Habituation*‹.

Die Habituation kann auch als körperliche und seelische Gewöhnung an eine bestimmte Situation gesehen werden: Bei Menschen, die Angst vor Mäusen haben, schaltet das ARAS in Gegenwart einer Maus sofort auf Sturm. Wenn diese Menschen Schritt für Schritt lernen, die Maus lange und genau anzusehen, sich ihr zu nähern und sie in der Hand zu halten, werden sie sich bald an das Tier gewöhnt haben. Der Wachdienst im Gehirn aktiviert dann das ARAS immer weniger, weil der Anblick der Maus zunehmend alltäglich geworden und die Erfahrung gemacht ist, daß eine Maus keine wirkliche Gefahr darstellt. Was wir gewohnt sind, regt uns nicht mehr auf, denn der Mensch ist ein Gewohnheitstier ...

Das ARAS wird also dann gedämpft, wenn wir (wie im Mäuse-Beispiel) die Bedrohung nicht mehr als solche einschätzen, oder wenn die Gefahr offensichtlich nicht mehr besteht.

Aktivierung: Unterschiede zwischen den Menschen

Wir wissen, daß sich Menschen darin unterscheiden, wie schnell sie ›aufbrausen‹ und wie schreckhaft sie sind. Wen nichts aus der Ruhe bringen kann, wer ›Nerven wie Drahtseile‹ hat, der wird immer gelassener reagieren als ein Mensch, der ›von Natur aus‹ schreckhafter, damit aber auch reaktionsschneller ist. Dies liegt mit daran, daß die Impulse aus dem Stammhirn, die den Grad unserer Wachheit steuern, bei unruhigeren (aber dadurch auch wacheren!) Menschen stärker sind.

Nun ist letzteres aber meist nicht angeboren. Andauernder Streß, gleichbedeutend mit ständig neuen und intensiven Einflüssen aus der Umgebung oder dem Körper (Arbeitslärm, Wechselschicht, Krankheit, Schmerzen), kann unser allgemeines Erregungsniveau in dem Maße erhöhen, daß wir uns in einer ständigen leichten Bereitstellungsreaktion befinden. Dann fehlt meist nur noch der berühmte Tropfen, der das Faß zum Überlaufen bringt und uns Wut- und Angstanfälle beschert. Wenn Sie sich in letzter Zeit (oder auch schon länger) leicht störbar fühlen, schlecht schlafen, ›nervös‹ und abgespannt sind, so kann das ein Signal Ihres Körpers sein, sich mehr Ruhe zu gönnen und damit Ihre ARAS-Aktivität etwas zu reduzieren.

Ein bewährtes Mittel, diese erhöhte Aktivierung zu normalisieren, sind Entspannungsmethoden wie das Autogene Training oder das Muskelentspannungstraining nach Jacobson (Brenner, 1989). Ihr Prinzip besteht darin, daß man regelmäßig (!!!) störende äußere Einflüsse ausschaltet, indem man ungestört und mit geschlossenen Augen übt, seine Muskulatur zu entspannen, und damit die Übermacht des Sympathikus verringert. Beständiges, tägliches Üben führt zu einer deutlichen Beruhigung. Entspannung spielt deshalb auch bei der Behandlung von Ängsten eine wichtige Rolle.

Aktivierung und was unser Denken (nicht) dazu beiträgt

Wie wir bereits gehört haben, ist die Energie, die unser ARAS entfaltet, abhängig von der Heftigkeit oder Unerwartetheit des Neuen. Die Stärke der Aktivierung und die Folgen in unserem Erleben und Verhalten hängen aber auch von der Einschätzung ab, welche Bedeutung diese Neuigkeit wohl für uns haben könnte. Wir reagieren anders, wenn ein Wildschwein auf uns zugaloppiert, sich ein sehr schöner Mensch neben uns setzt, oder aber eine Fliege in unserem Blickfeld auftaucht. Die Wirkung unserer Aktivation ist also davon abhängig, wie bedrohlich, attraktiv oder langweilig wir eine Situation *einschätzen*. Aus diesem Grund verringert sich auch die ängstliche Erregung beim Anblick einer Maus, wenn man dies, wie bereits geschildert, oft genug wiederholt. Irgendwann kommt man dann zu der Erkenntnis, daß tatsächlich nichts geschehen kann, was die Angst rechtfertigt.

Was und wie intensiv wir fühlen, wird also wesentlich durch unser Denken bestimmt! Schon Epiktet, ein griechischer Philosoph, sagte: »Nicht die Dinge selbst beunruhigen uns, sondern die Meinungen, die wir über die Dinge haben.«
Andererseits beeinflußt aber auch die Stärke unserer Erregung das Denkvermögen und die Lernbereitschaft. Jemandem, der vor Wut kocht oder vor Angst schreiend davonrennt, ist schwer beizubringen, daß es besser ist, sich entspannt zurückzulehnen und in Ruhe nachzudenken. Wie wir aus den vorhergehenden Kapiteln wissen, ist unser Körper im Zustand hoher Aktivierung nun mal eher auf körperliche Leistung als auf eiskalt berechnendes Denken programmiert. Redensarten wie ›außer sich vor Wut‹ oder ›blind vor Liebe‹ zeigen, daß diese Denkhemmung für alle möglichen Erregungszustände gilt, nicht nur für die Angst.

Unser Denken steuert also die Stärke unserer Gefühle, während gleichzeitig wiederum die Klarheit unseres Denkens davon abhängig ist, wie stark wir von unseren Gefühlen beherrscht sind. Herr(in) seiner (ihrer) Sinne zu sein, ist gar nicht einfach!

Bei der Therapie von Ängsten ergibt sich aus diesem Grund immer wieder ein typisches Problem: jeder Mensch, der Angst vor Mäusen hat, weiß um die Harmlosigkeit dieser Tiere, aber nur solange keine in der Nähe sind! Sobald eine Maus auftaucht, wird das logische Denken von der Angst überwältigt. Die ›Kunst‹ in der Therapie von Ängsten besteht nun darin, die Leidtragenden so auf das gefürchtete Ereignis vorzubereiten, daß sie trotz der überwältigenden Gefühlsausbrüche lernen, der Gefahr ins Auge zu sehen. Denn nur durch die immer wiederkehrende Erfahrung, daß tatsächlich nichts Schlimmes passiert, verliert die Angst ihre Macht.

»Um Himmels Willen – nein!!!«:
das Vermeidungsverhalten

Wenn wir uns vor etwas wirklich fürchten, gehen wir entweder nicht hin oder planen möglichst genau, wie wir glimpflich davonkommen könnten. Überrumpelt uns eine Gefahr unvorbereitet, werden wir durch die Notfallreaktion gestärkt und wollen sofort ›instinktiv‹ der Bedrohung ein Ende setzen. Daß es hierbei häufig zu (gelinde ausgedrückt) unklugen Verhaltensweisen kommt, kann uns, die wir über die Blutverteilungsverhältnisse während der Notfallreaktion informiert sind, nicht mehr verblüffen.
Als Beispiel seien Situationen genannt, in denen Menschenmassen in Panik geraten. Im Chaos rennt jeder wild umher, nur um irgendwie zu entkommen. ›Nichts wie weg!‹ drängt sich als Parole auf, egal wie unvernünftig es für einen Außenstehenden erscheinen mag, und nur wenige sind in der Lage, in der allgemeinen Verzweiflung die Folgen kopflosen Verhaltens für sich und andere zu berücksichtigen.

Auch inneres Chaos kann zu Furchtreaktionen führen, die sehr schädlich für die Betroffenen sind. Eine große Zahl unserer Angstpatienten traut sich seit Jahren nicht mehr aus dem Hause, weil sie wie aus heiterem Himmel beispielsweise im Kaufhaus eine Bereitstellungsreaktion mit Herzrasen und anderen Symptomen erlebt haben. Sie möchten dieses grauenvolle innere Gewitter nie mehr mitmachen. Die erlebten Todesängste werden mit dem Eindruck verknüpft, daß sie insbesondere unter fremden Menschen auftreten. Unsere Patienten fürchten sich fortan vor jeder Öffentlichkeit, denn wenn man ›draußen‹ mit einem Herzanfall rechnet, erscheint es nur sinnvoll, die Wohnung nicht mehr zu verlassen.

Ist, wie im letzten Beispiel, schon im voraus klar, wovor man sich fürchtet, versucht man natürlich, die Gefahr zu umgehen oder durch tröstende Gedankengänge zu entschärfen. Dieses Vermeidungsverhalten und die psychischen Prozesse, die sich dabei abspielen, werden wir auf den nächsten Seiten genauer ansehen.

Stellen Sie sich einen Käfig vor. Die eine Hälfte des Käfigbodens ist weiß, die andere schwarz. Hinter dem schwarzen Käfigboden schließt sich eine geöffnete Schublade an, in der ein Stück Käse liegt. Sie (oder jemand, der sich davor nicht fürchtet) setzen eine Ratte auf den weißen Käfigboden. Sie wissen, was das hungrige Tier tut. Sobald es auf seinem Weg zum Käse den schwarzen Boden berührt, wird dort über einen Mechanismus für kurze Zeit ein starker Stromstoß ausgelöst. Die bedauernswerte Ratte bekommt einen Elektroschock und zieht sich auf das weiße Feld zurück. Von diesem Zeitpunkt an steht der schwarze Boden nie mehr unter Strom, und trotzdem läuft die Ratte nicht mehr in Richtung Käse.

Ein Bekannter ist zwei Tage nach bestandener Führerscheinprüfung mit seinem Auto gegen eine Leitplanke gefahren. Er wollte sich nie mehr ans Steuer eines Kraftfahrzeuges setzen. Wir redeten ihm solange zu, bis er sich endlich durchgerungen hatte, schon am nächsten Tag wenigstens eine kurze Strecke zu fahren und jeden Tag ein Stückchen mehr. Können Sie sich denken, warum wir darauf bestanden haben?

In beiden Beispielen (das mit armen, gequälten Ratten ist angelehnt an die in der Psychologie sehr bekannten Versuche über das Erlernen von Furcht und Angst von N. E. Miller) entsteht Furcht im Sinne von: »Vermeide eine Wiederholung des Ereignisses, das Angst und Schrecken erzeugt hat«. Bei der armen Ratte und bei meinem Bekannten ist Furcht vor Dingen entstanden, die normalerweise keine Angst einflößen: vor einer schwarzen Bodenplatte bzw. vor dem Autofahren, genauer gesagt, vor den damit verbundenen Erlebnissen.

Wir wissen zwar nicht, was die Ratte lähmt, können aber bei unserem Unfallopfer gut nachvollziehen, daß er weniger Furcht vor dem Lenkrad, dem Gasgeben oder dem Bremsen hat, als vielmehr vor einer Wiederholung der Erfahrung, die kurz vor der Leitplanke begann, sich in sein Gedächtnis zu brennen: der kurze Blick in Richtung Tod; trotz aller Anstrengung, Lenk- und Bremsmanöver hilflos dem ausgeliefert, was in den nächsten Sekundenbruchteilen geschehen würde ...

Notfallreaktion, Gefühle der Angst und die dazugehörigen Gedanken sind zunächst eng mit dem Ort des Geschehens verbunden (›assoziiert‹). Sobald der Betroffene nur daran denkt, sich wieder hinter das Steuer zu setzen, taucht das Schreckensbild mit all seinen körperlichen und gedanklichen Begleiterscheinungen auf. Die Furcht vor einem erneuten Unfall, vor Tod und Verletzung führt allmählich zur Vermeidung aller Situationen, die so ein Erlebnis heraufbeschwören könnten.

Die Vermeidung schließt Verhaltensweisen *und* Gedanken ein, d. h. unser Bruchpilot wird es zunächst nicht nur ablehnen, wieder Auto zu fahren, sondern sich auch äußerst ungern an den genauen Unfallablauf erinnern wollen.

Wir fürchten uns vor der Angst mit ihren unangenehmen körperlichen Begleiterscheinungen, mit ihrem schlimmen Gedanken und Vorstellungsbildern. Wir haben ›Angst vor der Angst‹ und gehen durch unser Verhalten und unser Denken den ›Angstauslösern‹ aus dem Weg. Nun ist diese Neigung, Angst zu vermeiden, sinnvoll und überlebensnotwendig, andererseits aber genauso hinderlich und irritierend wie die Notfallreaktion. Natürlich ist es gut, sich vor Wildschweinen und heranbrausenden Autos zu fürchten. Aber ist es für unser Überleben auch notwendig, wegen eines unberechenbaren Lehrers derartige Prüfungsängste zu entwickeln, daß man nicht einmal ein Lehrbuch ansehen kann, ohne Herzklopfen zu bekommen und eine hoffnungslose Niederlage vorauszusehen?

Glücklicherweise haben wir Menschen in Bezug auf Bedrohungen, in denen wir uns noch nicht unmittelbar befinden, immer die Möglichkeit, durch unser Denken und Handeln das ARAS so zu dämpfen, daß wir die Kontrolle nicht verlieren.

In abgeschwächter Form genießen aber auch viele Menschen Angstgefühle, ohne an Vermeidung zu denken. Wer gerne Achterbahn fährt oder Krimis von Alfred Hitchcock sieht, weiß, wovon ich rede. Man kann dieses Kribbeln ungestört auskosten, ohne sich gleich überlegen zu müssen, wie man unbeschadet davonkommt. Auch das Gruseln in der Dunkelheit oder an unbekannten Orten ist eine Variante der Angst, die nicht automatisch zu Fluchtreaktionen führt.

Von der Bedrohung zur Herausforderung: die Angst weggedacht

Niemand beschäftigt sich gerne genauer mit möglichen Bedrohungen wie etwa der Vision, wann wohl unser nächstgelegenes Atomkraftwerk explodiert. Andererseits können wir uns aber auch in Befürchtungen hineinsteigern, wie beispielsweise eine Prüfung nicht zu bestehen. Im letzteren Fall bleibt es dann aber meist bei: »Ich schaffe das nicht, oh Gott, oh Gott, wenn ich das nicht schaffe!!!« Eine intensive Auseinandersetzung mit den Folgen und Lösungsmöglichkeiten, eine *genaue* Betrachtung der Problemlage findet nicht statt. Wir verhalten uns so, als stünden wir direkt vor der Prüfung – unvorbereitet, zitternd, chancenlos, das Herz in der Hose anstatt genügend Blut im Gehirn.

Viele Menschen haben ihre eigenen, geheimen, kleinen Prüfungen, denen sie aus Angst immer aus dem Wege gehen. Sei es, dem Partner endlich einmal zu sagen, daß der Sex seit einiger Zeit keinen Spaß mehr macht, oder den Chef aufzufordern, doch bitte höflichere und respektvollere Umgangsformen zu pflegen. Gefürchtete Prüfsteine zu meiden kann sich langfristig sehr ungünstig auswirken. Umgeht man unangenehme Auseinandersetzungen, verhält man sich so, als seien die erwarteten Folgen tatsächlich ausweglos schrecklich und bestünden ewig fort. Schweigen und sich verkriechen, Alkohol und Zigaretten zur ›Beruhigung‹ statt Dampf ablassen, helfen dabei, längst nach Klärung verlangende Situationen zu verniedlichen und die fällige Aussprache wieder einmal aufzuschieben. Auf Dauer führen diese Strategien aber nicht zur Verringerung der Bedrohlichkeit und schon gar nicht zur Lösung des Problems. Im Gegenteil, zwar ist nichts angenehmer als keine Probleme zu haben, jedoch kann mit jedem abgebrochenen Veränderungsversuch ein Stückchen Selbstvertrauen schwinden.

Selbstvertrauen ist nämlich nichts anderes als die Zuversicht, mit einer voraussichtlichen Gefahr klarzukommen. Im Geiste analysieren wir die erwartete Unannehmlichkeit und prüfen, ob es in unserer Macht steht, mögliche Gefahrenaspekte in den Griff zu kriegen. Um das bestmögliche Resultat zu erzielen, müssen wir uns all das vorstellen, was Unangenehmes geschehen könnte und in der Phantasie eine Aufstellung über sämtliche Möglichkeiten und Fähigkeiten zu machen, die uns bei der Bewältigung der Bedrohung behilflich sein könnten (Lazarus & Folkman 1984).

Wenn wir einem schnaubenden Wildschwein gegenüber stehen, ist das Ergebnis einfach: so schnell wie möglich weg! Steigt vor unserem Waldspaziergänger ein Mann aus dem Gebüsch, werden die Überlegungen komplizierter: Sieht er freundlich oder feindselig aus? Liegt Gefahr in der Luft oder braucht der Mensch Hilfe? Ist er größer oder kleiner, schwächer oder kräftiger als ich? Habe ich meinen Stock fest in der Hand? Wie sollte jetzt am besten meine Stimme klingen und was muß ich sagen?

Je nachdem wie die Antworten auf solcherlei innere Fragen ausfallen, wird unser Spaziergänger seinem Gegenüber helfen, mit tiefer Stimme und geschwellter Brust Eindruck machen, sich auf einen Angriff vorbereiten oder schleunigst das Weite suchen. Das Ergebnis dieser blitzschnell ablaufenden inneren Zwiegespräche bestimmt unsere weiteren Handlungen, Gedanken und Gefühle.

In dem Waldspaziergänger-Beispiel haben wir es mit möglicherweise lebensbedrohlichen Gefahrensituationen zu tun. Der unberechenbare, fiese Prüfer hingegen kann unseren armen Schüler nicht in Lebensgefahr bringen. Er kann aber Lebenspläne zerstören und Selbstwertkrisen erzeugen. Und das mag ähnlich unangenehm sein. In solch einer ›selbstwertbedrohlichen‹ Situation hat unser geplagtes Opfer jedoch verschiedene Bewältigungsmöglichkeiten zur Hand. Zusätzlich zur gewissenhaften Prüfungsvorbereitung kann er sich Zeit nehmen, um Erkundigungen über die gemeinen Fangfragen des Monsters einzuholen. Weiterhin bleibt ihm später noch – da er auf jeden Fall überlebt – die Möglichkeit, eine Niederlage nicht sich selbst, sondern den üblen Machenschaften seines Lehrers in die Schuhe zu schieben: »Bei einem anderen wäre ich bestimmt nicht durchgefallen!« Durch Gedanken dieser Art können wir unser ramponiertes Ich wieder stärken.

Wie wir gesehen haben, kann man also zwei Arten von angsterzeugenden Situationen unterscheiden: Solche, die unsere *körperliche Unversehrtheit* gefährden und diejenigen, die unser *Selbstwertgefühl* bedrohen. Ein gebrochenes Genick kann man nur vermeiden, indem man von vornherein etwas unternimmt, damit es nicht dazu kommt. (Was natürlich nicht heißen soll, sich körperlich zu schonen und sofort mit Fußball, Fallschirmspringen oder Geräteturnen aufzuhören!) Situationen und Aufgaben, die die Möglichkeit eines (selbstwertbedrohlichen) Scheiterns, aber auch des persönlichen Erfahrungsgewinns und Wachstums einschließen, sollte man nicht unbedingt aus dem Wege gehen: Vom Zuschauen hat noch niemand ein Spiel gewonnen!

An dieser Stelle setzen therapeutische Verfahren mit dem Ziel an, Beängstigendes und die damit in Verbindung stehenden eigenen Möglichkeiten und Chancen besser durchdenken zu lernen.

Äußerungen wie »Mein Gott, ich stehe das nie durch!« sind nicht geeignet, einem gefürchteten Ereignis seine Bedrohlichkeit zu nehmen und unsere Aufregung zu mindern. Denn wie wir aus den vorigen Kapiteln wissen, dämpft unser Großhirn das ARAS erst, wenn nichts extrem Außergewöhnliches und Unkontrollierbares mehr zu erwarten ist. Diffuse Bedrohungen, denen wir keine Bewältigungsstrategien glauben entgegensetzen zu können, erzeugen heftige Gefühle, Katrastrophengedanken und Bereitstellungsreaktionen, die sich gegenseitig immer mehr aufschaukeln und uns zunehmend in Schach halten.

Klare Überlegungen und daraus sich ergebende Vorbereitungen können aus vielen Bedrohungen interessante Herausforderungen machen. Vielleicht bleibt ein Nervenkitzel, jedoch keine Panik und erst recht kein Vermeidungsverhalten.

Wir alle sind immer wieder mit Gegebenheiten konfrontiert, vor denen wir uns fürchten und denen wir aus dem Wege gehen. Menschen, die dies im Übermaß tun, sind durch ihr Vermeidungsverhalten so sehr eingeschränkt, daß ihr Leben an das der Ratte auf dem weißen Käfigboden erinnert. Sie leiden an einer Angsterkrankung. Moderne therapeutische Verfahren sind in der Lage, solche Störungen aufzulösen und die Patienten aus ihrem lähmenden Gefängnis zu befreien. Welche Möglichkeiten es gibt, sich selbst zu helfen oder sich helfen zu lassen, lesen Sie im folgenden ›Klinischen Teil‹.

KLINISCHER TEIL

Wenn Angst zur Krankheit wird

Angsterkrankungen gehören in der industrialisierten westlichen Welt zur den verbreitetsten psychischen Beeinträchtigungen. Bei den Männern sind Ängste nach den Abhängigkeitserkrankungen (meist Alkoholismus) die zweithäufigste psychische Störung. Frauen leider mehr als doppelt so häufig unter Ängsten, bei ihnen steht die Angst an der Spitze der seelischen Erkrankungen (Ehlers u. Margraf 1990). Acht bis vierzehn Prozent der Bevölkerung der BRD im Alter von 18 bis 65 Jahren leiden irgendwann im Verlauf ihres Lebens an einer Angststörung (Wittchen 1991). Das ist immerhin jede(r) zehnte!

Nun ist Angst aber nicht gleich Angst. Bis heute setzen sich Psychologen und Psychiater mit der Frage auseinander, wie verschiedene Formen von Angststörungen auseinandergehalten werden können. Um eine aktuelle Übersicht zu bekommen, folgen wir einer Einteilung, die von Forschern und praktizierenden Therapeuten gleichermaßen anerkannt ist. Das ›DSM III-R‹ (Diagnostisches und statistisches Manual für psychische Krankheiten, dritte revidierte Fassung) unterscheidet sieben verschiedene Gruppen von Ängsten. Es stellt für jede Art typische Merkmale dar, durch die ein Therapeut bei einem Patienten herausfinden kann, um welche Beeinträchtigung es sich handelt.

Diese Art von Krankheitsbeurteilung (›Diagnostik‹) hat sich in der klassischen Medizin bewährt. Je genauer eine Krankheit einer Störungsgruppe zuzuordnen ist, umso gezielter können Behandlungsmaßnahmen getroffen werden. Ein Röntgenbild beispielsweise erlaubt dem Arzt eine genaue Diagnose, wo und wie ein Bein gebrochen ist. Er kann sich dann entscheiden, welche Art von Operation notwendig ist oder ob ein Gips ausreicht.

In der Psychotherapie ist das Verhältnis Diagnose-Therapie schwieriger. Menschen zeigen – und jeder auf seine ureigene Art – Vermeidungsverhalten, wenn es darum geht, sich der Angst zu stellen und damit den Weg der Heilung zu gehen. Selbst wenn wir genau wissen, welche Angst vorliegt, können wir nicht darauf bauen, daß die aus der Diagnose abgeleiteten Behandlungsmaßnahmen wie im Lehrbuch greifen. Häufig treten mehrere Angststörungen in Kombination auf und sind zusätzlich noch mit Alkohol- oder Medikamentenabhängigkeit oder Depression verbunden. Meist sind Behandlungsumwege nötig, die Patienten, welche den bequemen Weg gewöhnt sind (»Vom Arzt bekomme ich Tabletten, dann bin ich bald gesund«), zunächst verstören und enttäuschen.

Es ergibt sich aber noch eine weitere Schwierigkeit, wenn man sich daran macht, Ängste zu diagnostizieren: Bei den sieben Störungsgruppen handelt es sich um sehr grobe Raster. So, wie sich jeder durch seinen Charakter und seine Lebensumstände vom anderen unterscheidet, sind auch die Hilfesuchenden in ihrem Angsterleben und in ihrem Wunsch nach Heilung verschieden.

Aus diesen Gründen ist es nicht besonders informativ, nur diese sieben Diagnosegruppen aufzuführen und zu beschreiben, was genau man tun muß, um schnell wieder gesund zu werden. Wir werden uns deshalb nur knapp über die grobe Einteilung der sieben Arten von Ängsten informieren (vgl. auch Schneider & Margraf 1990) und danach anhand von Falldarstellungen aus der therapeutischen Praxis genauer und vielschichtiger in die Materie eindringen.

Die sieben Formen der Angst

Die Panikstörung

Bei der Panikstörung leiden die Betroffenen darunter, daß sie plötzlich Angstanfälle bekommen, ohne daß eine tatsächliche Gefahr in der Umgebung zu erkennen ist. Die Panikstörung ist eine Bereitstellungsreaktion aus heiterem Himmel, die von den Betroffenen als extreme Bedrohung der Gesundheit erlebt wird.

Etwa ein bis zwei Prozent der Bevölkerung erkranken irgendwann im Leben an solch einer Störung. Die Angst ist meist verbunden mit Gedanken an den unmittelbar bevorstehenden Tod oder der Idee, verrückt zu werden.

Körperlich können sich bei der Panikstörung Atemnot, Engegefühl in der Brust, Herzrasen oder -stolpern, Zittern, Schweißausbrüche, Taubheits- und Kribbelempfinden, Übelkeit und andere Beschwerden einstellen.

Die Agoraphobie

Unter ›Agoraphobie‹ (Furcht vor öffentlichen Plätzen) versteht das DSM III-R die Angst vor bestimmten Situationen oder Orten. Diese Angst ist so groß, daß die Betroffenen alles tun, um sich nicht der erwarteten Bedrohung aussetzen zu müssen. Solche Orte oder Situationen sind in der Regel Menschenmengen, große Plätze, enge Räume, Fahrzeuge, Brücken und Kaufhäuser, alles Gegebenheiten, in denen man sich hilflos, verlassen, alleine oder ausgeliefert fühlen kann. Meist fürchten sich Menschen mit Agoraphobie vor der Möglichkeit, unangenehm aufzufallen, seit es in Panik zu geraten, ohnmächtig zu werden, erbrechen zu müssen oder auf irgendeine andere Art und Weise negatives Aufsehen zu erregen.

Die Vermeidung dieser Orte und Situationen um jeden Preis kann so schwerwiegend sein, daß der Patient an seine Wohnung gefesselt ist, unfähig, das Haus ohne Begleitung zu verlassen. Häufig beginnt die Agoraphobie mit einem überraschendem Panikanfall auf einem öffentlichen Platz. Werden in der Folgezeit durch typische Situationen weiterhin Panikattacken ausgelöst, nennt man das Leiden »Panikstörung mit Agoraphobie«. Im Unterschied zur reinen Agoraphobie werden dabei Orte und Situationen speziell aus Furcht vor einer Panikattacke vermieden.

Die Agoraphobie befällt etwa jeden zwanzigsten Bundesbürger und beginnt genau wie die Panikstörung meist zwischen dem 20. und 30. Lebensjahr.

Die Sozialphobie

Während der Agoraphobiker an der Furcht vor und der Vermeidung von öffentlichen Orten oder Situationen zu erkennen ist, fürchtet sich der Sozialphobiker vor dem Zusammensein mit Menschen. Er befürchtet, vor anderen zu versagen oder sich lächerlich und klein zu fühlen. Patienten, die unter einer Sozialphobie leiden, vermeiden es, im Beisein anderer zu essen und zu erzählen. Verabredungen, Parties oder gar Reden halten, scheuen sie wie der Teufel das Weihwasser.

Die Vermeidung der gefürchteten Situationen ist so ausgeprägt, daß sie entweder die berufliche Leistungsfähigkeit, die privaten Kontakte oder beides stark beeinträchtigt. Man kann sich denken, daß diese Menschen stark unter der Störung leiden und auch genau wissen, daß die Furcht übertrieben und unvernünftig ist. Sozialphobiker sind sich völlig darüber im klaren, daß sie sich eigentlich nicht fürchten müßten. Sie leiden immens unter dem Gefühl, wieder einmal nicht die Initiative ergriffen zu haben, zum tausendsten Mal eine Möglichkeit verpaßt zu haben.

Soziale Ängste entstehen meist nach der Pubertät, selten nach dem dreißigsten Lebensjahr (Reinecker 1989).

Die einfache Phobie

Die meisten Menschen kennen die Furcht vor Schlangen, Mäusen oder Spinnen. Bei der einfachen Phobie handelt es sich um die Furcht und Vermeidung von ganz bestimmten Dingen. Es gibt eine riesige Anzahl von einfachen Phobien, neben den Tierphobien die Furcht vor Spritzen und anderen medizinischen Eingriffen, vor dem Anblick von Blut, vor Fahrstühlen und anderen geschlossenen Räumen.

Viele Menschen (zwischen vier und acht Prozent der Bevölkerung) haben eine einfache Phobie und können gut damit leben. Zur Krankheit werden diese Ängste erst dann, wenn sie die normale Lebensführung beeinträchtigen. Das Leid entsteht in der Regel dadurch, daß infolge der Furcht lebensnotwendige Handlungen nicht mehr vollzogen werden können. Beispielsweise wird ein Mensch mit einer ausgeprägten Spritzenphobie sich keiner noch so wichtigen medizinischen Operation unterziehen können, und ein Handlungsreisender mit einer Schlangenphobie muß sich zuerst behandeln lassen, bevor er in Südamerika geschäftlich aktiv werden kann.

Genau wie die Sozialphobie haben sich einfache Phobien meist in der Kindheit und Jugend entwickelt.

Die Zwangsneurose

Bei der Zwangsstörung unterscheidet man Zwangsgedanken und Zwangshandlungen.

Zwangsgedanken sind sehr unangenehme Vorstellungen, die sich aufdrängen, auch wenn man sie gar nicht will, und die Außenstehenden unsinnig erscheinen. In abgeschwächter Form kennen wir alle solche ›zwanghaften‹ Vorstellungen. Bestimmt sind Ihnen schon manche Schlagermelodien oder Werbeslogans immer wieder durch den Kopf gegangen und haben sich um so stärker ins Gehirn gefressen, je mehr sie sich anstrengten, gerade nicht daran zu denken. Extrem quälend werden Zwangsgedanken, wenn sie sich gegen eigene oder kulturelle Moralvorstellungen richten. Beispielsweise wenn sich einer liebenden Mutter häufig und über längere Zeiträume der Gedanke aufdrängt, sie könne vielleicht plötzlich den Impuls bekommen, ihrem kleinen Kind die Kehle durchzuschneiden.

Zwangshandlungen sind Verhaltensweisen, die die Betroffenen andauernd wiederholen müssen, obwohl sie deren Übertriebenheit und Unsinnigkeit einsehen. Ein Beispiel hierfür ist der Mann, der fünfzigmal die Klinke seiner Wohnungstür drücken muß, um sicher zu sein, daß sie auch wirklich abgeschlossen ist.

Häufig sind Zwangsgedanken und -handlungen miteinander verknüpft, wie z. B. der Gedanke, sich irgendwo mit Baktierien infiziert zu haben und daraufhin zwanzig Minuten die Hände zu waschen.

Zwangserkrankungen sind, wie man sich leicht vorstellen kann, meist mit ängstlichen Anspannungen verbunden. Insofern finden diese Störungen auch ihren Platz im Rahmen der Ängste. Die Zwänge und ihre Behandlungsansätze stellen jedoch ein so großes Fachgebiet dar, daß ihre ausführliche Darstellung mit Fallbeispielen den Rahmen dieses Buches sprengen würde.

Die generalisierte Angststörung

Alle Menschen haben aufgrund der vielfältigen Gefahren, die unser Leben in dieser Welt mit sich bringt, ständig Anlaß zur Sorge.

Als ›generalisierte Angststörung‹ wird eine dauerhafte, häufig auch im Vergleich zum Denken der meisten Mitmenschen unrealistische und übertriebene Furcht bezeichnet. Patienten, die hierunter leider, sorgen sich permanent, daß jeden Augenblick etwas Schlimmes passieren könnte.

In der Regel wissen diese Menschen selbst, daß das Ausmaß ihrer Besorgnis in keinem Verhältnis zur Realität steht. Jedoch drängen sich zwanghaft immer wieder neue beunruhigende Gedanken auf. Hat man gestern noch Angst gehabt, daß der Ehepartner auf dem Nachhauseweg vielleicht einen schweren Autounfall gehabt hat, sorgt man sich heute um einen möglichen Verlust der Arbeit und morgen, ob wohl bald ein Atomkrieg beginnt... Eine solche Störung gibt einem das Gefühl des andauernden hilflosen Ausgeliefertseins, verbunden mit ständig erhöhter Erregung, Nervosität und vegetativen Beschwerden. Den Betroffenen ist es ohne therapeutische Hilfe kaum möglich, sich von diesen beunruhigenden Gedanken und körperlichen Erregungszuständen zu befreien.

Die posttraumatische Belastungsreaktion

Eine posttraumatische Belastungsreaktion (posttraumatisch = nach der Erschütterung, Verletzung) ist eine normale menschliche Reaktion auf Ereignisse, die außerhalb des normalen Erfahrungshorizontes liegen. Opfer von Vergewaltigungen, Folter und anderen Gewaltverbrechen, Überlebende nach Katastrophen leiden häufig und sehr lange unter großer Angst. Typisch für eine posttraumatische Belastungsreaktion ist die Furcht vor allem, was die Erinnerung an das grauenvolle Erlebnis wecken könnte. Die Vermeidung solcher Vorstellungen unter allen Umständen ist die logische Folge.

Ein weiteres Symptom dieser Störung sind häufige Alpträume und sich aufdrängende Phantasien im Wachzustand. Manchmal erscheinen solche Menschen auch abgestumpft und dabei trotzdem nervös und angespannt.

Zusammenfassung

Alle aufgeführten Störungsgruppen gleichen sich unter zwei Aspekten:
1. Es besteht immer eine als beunruhigend erlebte körperliche Erregung.
2. Die Betroffenen bemühen sich, den in der Umwelt oder im Körper liegenden Auslöser der Angst zu vemeiden, d. h. sich durch gezielte Handlungen oder Gedanken der Angst zu entziehen.

Einige Leser kommen vielleicht jetzt auf die Idee, daß eigentlich nur Menschen mit einer posttraumatischen Belastungsreaktion wirklich Grund zum Leiden haben: es gibt einen klaren Auslöser, ein grauenvolles Erlebnis, auf das die gesamte seelische Erschütterung mit ihren vegetativen Folgeerscheinungen zurückzuführen ist.

Dem mögen wieder andere Leser entgegenhalten, man habe ja schon so viel über die Folgen einer schlimmen Kindheit gehört, und mit Sicherheit seien auch andere Ängste durch ähnliche, Jahrzehnte zurückliegende Erlebnisse verursacht.

Tatsächlich gibt es aber so viele Gründe für die Entwicklung und das Fortbestehen einer Angststörung wie Menschenschicksale. Jeder Patient hat einen berechtigten Grund für seine Probleme und nichts schadet mehr als die Haltung: »Hab' dich nicht so, schau' dir doch die anderen an, denen geht es viel schlechter. Du bildest dir das alles nur ein!«

Als klinisch arbeitende Therapeuten machen wir aber immer wieder die Erfahrung, daß die Ursachen der Krankheit für das Ausmaß der Ängste eine geringere Rollen spielen als allgemein angenommen wird. Die aktuellen Lebensbedingungen und die Art der Vorbehandlung haben meist einen wesentlich größeren Einfluß auf das erlebte Leid. Demzufolge tritt die Frage: »Warum gerade ich?« in der Therapie immer mehr in den Hintergrund und wird ersetzt durch die Problemstellung: »Warum leide gerade ich *immer noch*?«

Der Blick auf die Umstände, unter denen sich seelisches Leid entwickelt und die Betroffenen lähmt, führt meist zu aktuellen Sachverhalten, die selten mit der ersten bedrohlichen Erfahrung in direktem Zusammenhang stehen.

Beispielsweise wird ein Mensch, der zum ersten Mal eine Panikattacke erlebt, glauben, mit seinem Herzen stimme etwas nicht, und zunächst einen Arzt oder gar die Notaufnahme eines Krankenhauses aufsuche. In der Regel wird er mit einer unklaren Aussagen, wie etwa »Ihr Herz ist in Ordnung, wir können nichts Auffälliges feststellen«, wieder nach Hause geschickt. Der Betroffene ist aber zu Recht mißtrauisch, schließlich hat er Todesangst empfunden und kann sich nicht erklären, woher die plötzlichen Herzstiche und die Schweißausbrüche kommen. In der darauf folgenden Zeit beobachtet er seine körperlichen Vorgänge genauer, er hat sich das schließlich nicht alles eingebildet, und eine plausible Erklärung für die Beschwerden hat man ihm auch nicht geben können. Tritt in der Folgezeit wieder eine Panikattacke auf, wird unser Patient größere Anstrengungen aufbringen, sich von Ärzten verschiedener Fachrichtungen ›auf Herz und Nieren‹ durchchecken zu lassen. Und wiederum hört er unbefriedigende Erklärungen, die zu einer langen Suche nach dem ›richtigen‹ Arzt, der den Defekt endlich findet, führen. Zur Angst vor dem drohenden Herzinfarkt gesellt sich eine zunehmende Verunsicherung. Sie stellt einen Stressfaktor dar, der das vermehrte Auftreten von besorgniserregenden vegetativen Herz-Kreislaufattacken begünstigt.

Dreißig Prozent unserer Patienten befanden sich vor Klinikaufnahme seit mehr als zehn (!) Jahren in folgendem Teufelskreis: Herzattacke – unklare ärztliche Diagnose – erhöhte Besorgnis – vermehrte Herz-Kreislaufbeschwerden – weiterhin hilflose ärztliche Kommentare! Dabei muß man wissen, daß unbehandelte Angststörungen fast immer chronisch verlaufen, d. h. nicht wieder ›von alleine‹ ausheilen. Vor diesem Hintergrund wundert man sich nicht mehr, daß bei Panikpatienten das Selbstmordrisiko um ein 17faches erhöht ist (Coryell, zit. n. Margraf 1990). Stellen Sie sich nur einmal vor, mehrmals im Monat Todesängste zu erleben!

Eine angemessene Behandlung ist also dringend notwendig, wird aber leider selten in Anspruch genommen. In einem Zeitraum von 10 Jahren nahmen nur 12% der Angstpatienten professionelle Hilfe in Anspruch (Agras, zit. n. Wittchen 1991). Den meisten Patienten hatten Allgemeinärzte Beruhigungsmittel verschrieben. Das ist, als bekäme man bei einem Beinbruch ausschließlich Schmerztabletten verordnet!

Sie können sich jetzt bestimmt vorstellen, daß bei den Betroffenen die genaue Ursache der allerersten Panikattacke für die Behandlung eine weitaus geringere Bedeutung hatte als die über Jahre hinweg verfestigte Sorge um den eigenen Körper, verbunden mit den Auswirkungen dieser Störung auf den privaten und beruflichen Umgang. Meist hat sich schon die gesamte Familie auf die Ängste des Leidenden eingestellt, die Ärzte wollen nicht mehr mit ihm reden und alle Kollegen kennen den Grund für die häufigen Krankschreibungen.

Das S-R-C-Schema

Aus dieser Perspektive heraus besprechen wir mit unseren Patienten zunächst nicht die Probleme ihrer Kindheit, sondern untersuchen die aktuelle Lebenssituation. Bei der Behandlung von Angststörungen hat es sich bewährt, ganz genau festzustellen, bei welchen Gelegenheiten, unter welchen Umständen die Angst auftaucht. Zwar erschrecken die meisten Menschen in der Geisterbahn, wenn ein Skelett aus der Ecke springt, aber Situationen, die ›krankhafte‹ Ängste auslösen, können sehr unterschiedlich sein.

Diese Ängste können im Fahrstuhl, auf großen Plätzen, vor Prüfungen oder im Kino auftreten. Es gibt aber auch ›innere Situationen‹, die Angst auslösen, wie beispielsweise der Gedanke an den Herzinfarkt des Vaters oder die Wahrnehmung, daß das Herz zu schnell schlägt und das Stechen im Brustkorb wieder stärker geworden ist. Verhaltenstherapeuten nennen die Situationen, die dem Symptom vorangehen »S« (Abkürzung für: ›stimulus‹).

Sie können sich das ›S‹ auch einfach als Abkürzung für ›S‹ituation merken.

Die Beschwerden, über die ein Patient klagt werden im Fachjargon als ›R‹ (›Response‹ ist das englische Wort für Reaktion) bezeichnet. Natürlich reicht eine einfache Angst ›R‹eaktion nicht aus, um das Leid des Ratsuchenden zu beschreiben. Wie wir bereits im ersten Teil des Buches gesehen haben, besteht ›Angst‹ aus den verschiedensten Komponenten: Wenn wir uns ängstigen, gibt es starke *körperliche Veränderungen*, wir *denken* ständig an das, was uns beunruhigt, und *unternehmen* in der Regel auch etwas, um dieses unangenehme Gefühl zu beenden.

Alles in allem gibt es also mindestens drei Aspekte, unter denen die Angst betrachtet werden kann: Körperlich, gedanklich und vom Verhalten her. Obwohl es ›Verhaltenstherapie‹ oder ›Verhaltensmedizin‹ heißt, nehmen die Verhaltenstherapeuten die körperlichen Veränderungen und die ablaufenden Gedankengänge genauso wichtig wie das sichtbare Verhalten der Patienten im Zustand der Angst. Für Laien ist der Begriff ›Verhaltenstherapie‹ irreführend; er bezieht sich auch eher darauf, Veränderungen im Leben durch verändertes Verhalten einzuleiten, etwa nach der ›Moral‹ von Erich Kästner: »Es gibt nichts Gutes außer: Man tut es«.

Wenn man sich vorstellt, welche Situationen (S) die Angst (R : Körper, Gedanken, Verhalten) auslösen, fragt man sich fast automatisch: »Und was passiert dann?« Bei dieser Frage nach den *Konsequenzen* (›C‹ steht für das englische Wort »consequence«), geht es um das eigene Verhalten, nachdem der erste Schreck vorüber ist, und um die Reaktionen derjenigen, mit denen der Betroffene zu tun hat.

Eine *selbst gezogene Konsequenz* kann beispielsweise darin bestehen, die Verabredung für den Abend abzusagen oder sich beim Arzt anzumelden. Unter *Konsequenzen aus der Umgebung* kann man Hilfsangebote der Familienmitglieder verstehen, etwa für den verängstigten, zitternden Menschen die nötigsten Besorgungen zumindest für diesen Tag zu erledigen...

Versucht man mit Hilfe des ›S-R-C-Schemas‹ Ängste präzise zu beschreiben, bekommt man sehr viele Anregungen und Ideen, die helfen, die Angst besser zu verstehen.

Die Untersuchung von Problemen mit Hilfe des S-R-C-Schemas nennt man ›Verhaltensanalyse‹. Sie ist das grundlegende Werkzeug jedes Verhaltenstherapeuten und wird hier vorgestellt, damit Sie vielleicht schon bei folgenden Darstellungen von Angststörungen selbst überlegen können, welche ›S‹ es gibt, auf welchen Ebenen sich die Angstreaktion (›R‹) äußert (Gedanken, Körper, Verhalten) und welche Konsequenzen (›C‹) sich für die Betroffenen ergeben. Falls Sie selbst unter einer Form von Angststörung leiden, versuchen Sie doch einmal eine Selbstbeobachtung:

S: – Welche Situationen, Gedanken oder körperliche Veränderungen gehen Ihren Ängsten voraus?

R: – Welche Gedanken begleiten Ihre Angst? Welche körperlichen Veränderungen sind mit Ihrer Angst verbunden? Was tun Sie, wenn Sie Angst haben?

C: – Wie reagiert Ihre Umgebung, wenn Sie Angst haben?
   Was tun Sie alles, sobald ein Angstanfall vorüber ist?

Bitte werfen Sie die Flinte nicht gleich ins Korn, wenn Ihnen nicht zu jeder Rubrik etwas einfällt. Das Schema dient dazu, sich selbst besser verstehen zu lernen, und die folgenden Fallbeispiele werden Ihnen bestimmt dabei helfen.

Todesängste aus dem Nichts:
die Panikstörung

Herr P. war am Rande der Verzweiflung, als er in unsere Klinik überwiesen wurde. Seit über 4 Jahren quälte er sich mit einer rätselhaften Erkrankung von Arzt zu Arzt, hatte verschiedenste Untersuchungen und Behandlungen über sich ergehen lassen – bisher erfolglos. Im Gegenteil, die rätselhaften Anfälle traten immer häufiger auf. Geschah dies am Arbeitsplatz, mußte er zumindest für eine halbe Stunde pausieren, manchmal sogar für ein paar Tage.

Worunter er litt, konnte er recht schnell darstellen: »Es kommt ganz plötzlich und fängt mit einem Zittern an. Meist zittern nur die Hände, manchmal auch der ganze Körper. Gleichzeitig bekomme ich eiskalte Füße und der Oberkörper fängt an zu schwitzen. Dann kriege ich Angst hinzufallen und wie mein Vater einen Hirnschlag zu bekommen, denn der hat auch gezittert, als er starb.«

Herr P. war 26 Jahre alt, gelernter Metzger und seit fast einem Jahr glücklich, bisher kinderlos, verheiratet. Zusammen mit seiner Frau und von der Familie tatkräftig unterstützt, war es ihm gelungen, in Eigenregie einen kleinen Hof bei einem Dorf etwas abseits der großen Verkehrswege zu renovieren.

Natürlich ergab sich dadurch eine recht große finanzielle Belastung, die das Paar jedoch nach beruflichen Veränderungen in den Griff bekam. Der Patient selbst wechselte vor drei Jahren aus dem Metzgereibetrieb ins Baugewerbe, wo er auf Montage als Hilfsarbeiter bald das Doppelte seines früheren Gehaltes verdiente. Seine Ehefrau ging als Arbeiterin in den Akkorddienst. Das Geld reichte nun knapp aus, Herr P. hatte jedoch die große Sorge, daß im Falle seiner Entlassung wegen der »Anfälle« alle Zukunftspläne wie eine schöne Seifenblase zerplatzen würden. Dann gab es da auch noch das Problem, daß ihm die neue Arbeit nicht besonders viel Freude bereitete. Als Metzger in der Großschlachterei hatte er schon seine Probleme, aber auf dem Bau waren die Umgangsformen noch ungeschliffener und respektloser. In seinem alten Beruf kannte er sich aus und konnte seinen Mann stehen. Jetzt aber, als Hilfsarbeiter im Baugewerbe, fühlte er sich wie der letzte Dreck. Nun gut – manchmal war er etwas schwer von Begriff, aber ihn deshalb so anzuschreien, wie das der Vorarbeiter häufiger tat? Na ja, wenigstens fühlte er sich in seiner Familie wohl und die sportliche Betätigung (Marathonlauf) am Wochenende bewährte sich als zufriedenstellender Ausgleich.

Alle waren ratlos, um welche unheimliche Krankheit es sich wohl handelte, und nachdem einige Ärzte die Vermutung äußerten, er leide wohl an einer psychosomatischen Krankheit, meinte auch seine Frau, er ›schlucke‹ zuviel; jeder könne mit ihm mache, was er wolle, das müssen ja Auswirkungen haben. Er selbst dachte ebenfalls, daß er sich wohl zuwenig wehre. Der erste Anfall könnte, wenn er sich das recht überlege, tatsächlich durch Streß ausgelöst worden sein.

Die Krankheitsgeschichte

Der erste ›Anfall‹ geschah vor etwa 4 Jahren in der Schlachterei. Herr P. war gerade beim Ausbeinen, als ein Kollege einige abfällige Bemerkungen über die langsame Arbeitsweise des Patienten machte. »Daß du hier überhaupt arbeiten darfst, du Penner...«. Herr P. war aufs Äußerste gereizt, und seine Hände begannen zu zittern. »Jetzt fängt der auch noch zu zittern an, der Versager. – Paß auf, daß du dich nicht selbst ausbeinst... So klangen an jenem Tag die fortgesetzten Kommentare der johlenden Kollegen. Und dann war er da, der Anfall. Innerhalb einer halben Minute zitterte der Metzger wie Espenlaub am ganzen Körper. Ihm wurde gleichzeitig heiß und kalt, und Sturzbäche von Schweiß rannen an ihm herab. Er verspürte einen unangenehmen Druck im Brustkorb, und der Mund war ausgetrocknet wie ein Flußbett unter südlicher Sonne. Dazu kam noch dieses pelzige Gefühl im Gesicht, die zusammengezogenen, kribbelnden Lippen und die Hände, die plötzlich die Form einer Pfote annahmen.

Letzteres bemerkte er erst, als er im Notarztwagen ins Krankenhaus gebracht wurde. Sie hatten ihn damals 14 Tage lang auf Herz und Nieren durchgecheckt; Internisten, Neurologen und andere Spezialisten hatten EKG's, EEG's und andere diagnostische Verfahren durchgeführt – ergebnislos.

Hatte man nach dem ersten Hirnschlag seines Vaters nicht auch gesagt, es gäbe keinen Grund zur Beunruhigung? – Unser Patient wußte es nicht mehr. Aber wenn das nun auch ein Hirnschlag war? Dann hätte er nicht mehr lange zu leben. Der Vater starb beim dritten, und er hatte genauso gezittert wie der Sohn in der Schlachterei. Herr P. war alles andere als beruhigt, als man ihn wieder nach Hause und zur Arbeit schickte.

Er fürchtete sich vor einem erneuten Anfall und begann, sich genau zu beobachten. Aber damit konnte er sich auch nicht helfen, und die nächste Attacke kam ein paar Wochen später, dieses Mal wie aus heiterem Himmel an einem Sonntagabend vor dem Fernsehapparat. Sie war nicht so stark wie damals in der Metzgerei; nur die Hände zitterten, nicht der ganz Körper, aber die Schweißausbrüche, der Druck in der Brust und das unangenehme Kribbeln im Gesicht und in den Händen verursachten die gleichen Gedanken wie vor drei Wochen: »Ich sterbe wie der Vater!« Der Notarzt brachte ihn wieder ins Krankenhaus, nochmals wurde er gründlich untersucht – sogar noch aufwendiger, mit Computertomografie und Schlafentzugs-EEG und all den Methoden, die die moderne Medizin zu bieten hat. Doch man fand nichts. Ein Neurologe äußerte den Verdacht, daß es sich bei diesen Attacken um epileptische Anfälle handeln könnte, und man gab dem Patienten entsprechende Medikamente. Aber die schienen die Häufigkeit der Anfälle nur zu vergrößern. Herr P. fand sich immer öfter beim Arzt oder im Krankenhaus. Nach einiger Zeit wurden die antiepileptischen Medikamente wieder abgesetzt, und er bekam eine Valiumspritze. Die half sofort! Im Nu waren das Zittern, Schwitzen, Kribbeln und die Ängste verflogen. Daraufhin hegte man den Verdacht, daß es sich vielleicht um eine ›psychisch bedingte Störung‹ handeln könnte. Herr B. wurde zu einer Psychotherapeutin überwiesen, die aber hatte eine Wartezeit von einem halben Jahr, so daß er sich zunächst gedulden und weiterhin seine

Anfälle und die Vorstellung, wie sein Vater zu sterben, ertragen mußte. Wenigstens half ab und zu – in ganz schlimmen Fällen – das Valium. Ansonsten gab ihm der Hausarzt nur leichtere angstlösende Medikamente in der Hoffnung, die Panikattakken zu mildern, die im Durchschnitt alle drei Wochen auftraten.

Herr P. kam tatsächlich wieder besser klar, obwohl ihm immer noch die Todesangst im Nacken saß. Zumindest gelang es ihm, sein Projekt mit dem Hof fortzuführen und den Arbeitsplatz zu wechseln. Seit dem ersten Anfall wurde er in der Schlachterei schief angesehen. Nachdem er von dort noch ein paar Mal wegen einer Attacke nach Hause oder zum Arzt gegangen war, war es nicht schwierig, das Beschäftigungsverhältnis zu lösen.

Herr P. hatte auch bereits die Arbeit als Bauarbeiter ins Auge gefaßt.

Nach dem Berufswechsel ging es ihm zwar nicht besser, aber man schaute ihn wenigstens nicht schief an, zumal er versuchte, trotz der unangenehmen Körperreaktionen und Ängste einen Anfall ohne fremde Hilfe durchzustehen. Meist waren die Attacken auch nach einer halben Stunde vorüber. Tragbar war der Zustand jedoch nicht, und manchmal ließ Herr P. sich doch einige Tage krankschreiben; er war dann einfach kopflos, ängstlich und verwirrt.

Mittlerweile hatte unser Panikpatient eine Psychotherapie begonnen, jedoch das Reden lag ihm nicht. Er fühlte sich aber wenigstens in den sicheren Händen einer Ärztin und Psychotherapeutin, die ihn auch immer wieder ermunterte, trotz der Ängste und gräßlichen körperlichen Zustände sein Leben so gut es ging zu leben.

Einen Kurs »autogenes Training« brach er ab, weil während der ruhigen Konzentrationsphasen immer wieder die Phantasien vom Tod seines Vaters und seiner eigenen Erkrankung auftauchten.

So quälte er sich mit Ängsten und Zitteranfällen am Arbeitsplatz und zu Hause, bis er in unsere Klink überwiesen wurde.

Wie die Beschwerden im einzelnen aussehen

Nachdem wir die Krankengeschichte des Patienten genauer kannten und die Untersuchungsergebnisse der vorbehandelnden Ärzte keine Hinweise auf eine körperliche Erkrankung ergaben, untersuchten wir die Panikanfälle genauer:

Die Beschwerden (›R‹)

Wie wir bereits gesehen haben, kann man das Symptom (»R«) in körperliche und gedankliche Abläufe sowie in Verhaltensweisen aufteilen.

Lassen Sie uns diese drei Aspekte systematischer betrachten.
– Körper:
Herr P. erlebt als erstes ein Zittern der Hände, das sich manchmal innerhalb einer Minute auf den ganzen Körper ausweitet. Kaum hat das Zittern begonnen, bekommt er kalte Füße und fängt an zu schwitzen. Zu Hitze- und Kälteschauern kommen drückende Schmerzen in der Brust. Der Mund ist ausgetrocknet und die Lippen kribbeln, als ob sich der Mund zusammenzöge. Die zittrigen Hände gehen gegen seinen Willen in eine Pfötchenstellung und fühlen sich pelzig an.
– Gedanken:
Der Patient hat Angst um sein Leben. Die Bilder vom Tod seines Vaters ziehen an seinem geistigen Auge vorbei, und er denkt, nun habe seine letzte Stunde geschlagen. Er beobachtet seine Körperreaktionen und findet seine schlimmsten Befürchtungen bestätigt. »Mein Vater hat genau so gezittert, gleich bekomme ich einen Hirnschlag, und es ist zu Ende.«

Mit zunehmend häufiger auftretenden Panikattacken drängen sich noch andere Gedankengänge auf: »Kann ich so weiterleben?« »Hört das nie auf?« »Was wird aus meiner Familie, aus dem Hof und mit all dem, was wir uns vorgenommen haben?« »Keiner will einen derartig unfähigen Krüppel.« »Vielleicht sterbe ich genau wie mein Vater, nur langsamer, Stück für Stück.« »Meine Brust wird eng, ich ersticke.« »Vielleicht bilde ich mir das alles nur ein, hoffentlich kommt jetzt niemand.«

- Verhalten:
Wenn Herr P. die körperlichen Veränderungen bei sich wahrnimmt, scheint er zunächst zu erstarren, so als führten seine zittrigen Hände ein unabhängiges Eigenleben.

Er wird zum hilflosen Beobachter seines aus den Fugen geratenen Körpers. Er verharrt in der Position, in der er gerade ist, und versucht, verstärkt durchzuatmen, um den Druck in der Brust loszuwerden. Je stärker das Engegefühl wird, um so heftiger zieht er Luft ein. Mit der Zunge prüft er immer wieder, wie trocken der Mund ist; vergeblich ist er bemüht, das unangenehme Kribbeln in Gesicht und Händen zu vertreiben. Er gibt keinen Ton von sich, zumindest nicht bei den Attacken am Arbeitsplatz, er weiß auch nicht, was er sagen soll. Bei den ersten Anfällen in der Metzgerei ließ er sich noch auf den Boden fallen, damit die Kollegen sahen, daß er Hilfe brauchte. Seine Frau bat er um Unterstützung, um möglichst schnell ins Krankenhaus zu kommen. Mittlerweile jedoch – am Arbeitsplatz wie zu Hause – versucht er, sich still und unauffällig zu verhalten, die gräßliche Angst ertragend, und hofft, in Ruhe gelassen zu werden bis der Anfall vorüber ist.

Die auslösenden Situationen (›S‹)

Nachdem wir nun die drei Aspekte der Panikattacken genauer kennen, schauen wir uns die Situationen (›S‹) an, die den Ängsten vorausgehen:

Wie wir wissen, war dem ersten Anfall eine Auseinandersetzung mit einem Kollegen vorausgegangen, der abfällige Bemerkungen über die langsame Arbeitsweise unseres Patienten gemacht hatte. Es waren nicht die ersten Beschimpfungen, die Herr P. über sich ergehen lassen mußte, in der Schlachterei war er eine leichte Beute, da er sich nie gegen Vorwürfe zur Wehr setzte. Er fraß tatsächlich, die Äußerung seiner Frau traf den Nagel auf den Kopf, alles in sich hinein. An dem Tag seiner Einlieferung ins Krankenhaus war der Kommentar seines Kollegen der Tropfen, der das Faß zum Überlaufen brachte. Herr P. bebte innerlich vor Wut und seelischem Schmerz.

Wie wir bereits wissen, können sehr heftige Gefühlsregungen körperliche Zustände wie Zittern, Schweißausbrüche, verstärkte Atmung, einen trockenen Mund und vieles mehr hervorbringen. Neu ist Ihnen vielleicht, daß das Kribbeln im Gesicht, insbesondere im Bereich des Mundes sowie die Pfötchenstellung der Hand auf ein Phänomen zurückzuführen sind, das durch heftige Atmung ausgelöst werden kann.

Man nennt dieses verstärkte Atmen ›*Hyperventilation*‹ und das daraufhin folgende Kribbeln, verbunden mit zusammengezogenen Lippen und verkrampften Fingern ›*Hyperventilationstetanie*‹ (Tetanie = Muskelkrampf). Sehr viele Patienten rufen ihre Panikanfälle durch diese übermäßige Atmung hervor.

Herr P. wußte jedenfalls nichts von alledem, die bedrohlichen Veränderungen seines Körpers konnte er sich nur mit dem Gedanken an den bevorstehenden Tod – ›genau wie beim Vater‹ – erklären. Das erzeugt natürlich Angst. Und wie reagiert der menschliche Organismus auf Bedrohung? Mit einer Bereitstellungsreaktion, verbunden mit heftigem Zittern, Schweißausbrüchen und verstärktem Atmen! So hatte sich bei dem Patienten, ausgelöst durch die Bemerkung des Kollegen, in Sekundenschnelle ein teuflischer Kreislauf entwickelt.

Durch den geschluckten Ärger über die Mitarbeiter entstanden heftige Körperreaktionen, die Herr P. aber nicht mit der Wut in Verbindung brachte, sondern als beunruhigende innere Regung unbekannter Ursache erlebte. Diese beängstigenden Symptome erzeugten Angst, und diese wiederum noch heftigere Beschwerden bis zum totalen Zusammenbruch und der Einweisung ins Krankenhaus.

Da der Patient häufiger am Arbeitsplatz Schwierigkeiten hatte und sich nicht wehren konnte, sind auch die anderen Anfälle in der Schlachterei und später auf der Baustelle in ähnlicher Weise zu erklären.

Wie aber konnte es zu Panikattacken in ganz ruhigen Situationen, beispielsweise zu Hause im Wohnzimmer kommen? Die äußere Situation ist denkbar friedlich, keine stichelnden Kollegen, die Frau sitzt entspannt in der Nähe. Es müssen demnach irgendwelche ›inneren Situationen‹ wie Gedanken, Vorstellungen oder veränderten Körperwahrnehmungen gewesen sein, die bei unserem Patienten die Panik hervorriefen. Und in der Tat gibt es zahlreiche wissenschaftliche Befunde, die nachweisen, daß gerade Panikpatienten im Unterschied zu allen anderen Patienten sehr sensibel und ängstlich auf veränderte Körperempfindungen reagieren (Ehlers, Margraf, Davis und Roth 1988). Schon alleine durch eine veränderte Körperhaltung, vielleicht lag Herr P. bei seinem zweiten Anfall auf dem Sofa, kann beispielsweise der Herzschlag stärker (und damit beängstigender) wahrgenommen werden. Vielleicht war der Fernsehfilm auch gerade besonders spannend und hat körperliche Streßsymptome hervorgerufen, die den Patienten an die gefürchteten ›Vorboten des Hirnschlags‹ erinnerten. Vielleicht war das Programm auch besonders langweilig, und der um seine körperliche Funktiontüchtigkeit zunehmend besorgte Herr P. hatte wieder einmal intensiv in sich hineingehört und dabei eine Unregelmäßigkeit festgestellt. Es sind viele Situationen denkbar, die den Patienten einfach deshalb in Panik versetzt haben, weil er sich in irgendeiner Form an seine früheren Attacken oder die ›Hirnschläge‹ seines Vaters erinnerte. Dadurch konnte sich eine Todesangst erzeugende Bereitstellungsreaktion mit heftigem Atmen und daraufhin entstehender Hyperventilationstetanie aufbauen. Da Herr P. weder von ›Bereitstellungsreaktionen‹ noch von ›Hyperventilationstetanien‹ jemals auch nur gehört hatte, mußte er natürlich mit Angst auf die inneren, unkontrollierbaren Regungen antworten. Es gibt wohl kaum etwas Bedrohlicheres als ein anscheinend unentrinnbares, Todesängste weckendes Chaos im eigenen Leib.

Zusammengefaßt gibt es also ›äußere‹ und ›innere‹ Anlässe, die den Patienten zu seinen Panikattacken führen.

Bevor wir uns als drittem Gegenstand unserer Betrachtungen den Konsequenzen der Ängste zuwenden, muß aber zunächst die ›Hyperventilation‹ etwas genauer erklärt werden.

Exkurs: Hyperventilation

›Hyperventilation‹ ist der medizinische Ausdruck für die gesteigerte Atmung bei einem körperlichen Zustand, der gar nicht soviel frische Luft benötigt, weil er nicht übermäßig viel zu arbeiten hat. Wie wir in dem Kapital über Herz-Kreislauf-Aktivität und Atmung gesehen haben, vergrößert sich bei erhöhter körperlicher Leistungsbereitschaft auch die Atemgeschwindigkeit und -tiefe, um die Muskulatur mit genügend Sauerstoff zu versorgen und den ›Abfall‹, das Kohlendioxyd (CO_2), abzuatmen. Das funktioniert gut, wenn wir uns körperlich betätigen. Falls dies aber nicht der Fall ist und wir atmen, als ob wir jede Menge Feinde in die Flucht zu schlagen hätten (›vor Wut schnauben‹), jedoch ohne uns dabei zu rühren, passiert folgendes:

Unsere Muskeln haben nichts zu tun, produzieren also auch wenig Abfall (Kohlendioxyd). Jedoch genau so heftig, wie wir Sauerstoff einatmen, atmen wir Kohlendioxyd aus, d. h. die CO_2-Konzentration im Blut nimmt ab.

Nun könnte man sagen: »Das ist doch gut, dann wird unser Blut gereinigt!« Dem ist aber nicht so, denn unser Blut ist darauf eingerichtet, immer Kohlendioxyd mit sich zu führen. (In Form von Kohlensäure, die in Kohlendioxyd und Wasser zerfallen kann).

Das Kohlendioxyd, das ausgeatmet wird, wird von Eiweißkörperchen im Blut transportiert. Nun lagert sich normalerweise, sobald das Kohlendioxyd verschwunden ist, neben anderen Stoffen das Kalzium, auch ein wichtiger Bestandteil des Blutes, enger an das Eiweiß (Lieb, v. Pein 1990). Und jetzt kommt der Haken: Kalzium ist im Blut teilweise an Eiweiß gebunden, teilweise ist es ein ›freier‹ Bestandteil, d. d. es schwimmt ohne Verbindung zu anderen Blutbestandteilen herum.

Je mehr Stellen nun am Bluteiweiß wegen des stark abgeatmeten CO_2 frei werden, umso mehr Kalzium verschwindet als ›freier‹ Bestandteil des Blutes. Nun hat aber das freie Kalzium im Blut eine wichtige Funktion. Es bewirkt unter anderem, daß die Muskeln geschmeidig arbeiten können. Weniger freies Kalzium im Blut hat zur Folge, daß sich die Muskeln eher verkrampfen. Üblicherweise merkt man das zuerst an einem Kribbeln in den Lippen bzw. im Bereich des Mundes. Die Lippen ziehen sich zusammen wie zu einem Kuß, weshalb man diese Erscheinung auch ›Kußmundstellung‹ nennt. Als nächstes kribbelt es in Händen und Füßen, und die Finger ziehen sich zusammen, so daß die Hände wie Pfoten aussehen. Neben Kribbeln, Pelzigkeit und Taubheitsgefühlen können in Brust und Hals auch Druck- oder Engegefühle auftreten. Zusätzlich nimmt durch die Veränderung der Kohlendioxyd-Konzentration die Gehirndurchblutung ab, was zu Schwindel und ›Schwarzwerden-vor-den-Augen‹ führt. Gleichzeitig wird das Sympathische Nervensystem aktiviert, so daß eine Notfallreaktion immer wahrscheinlicher wird.

Das sind natürlich körperliche Vorgänge, die als extrem beunruhigend erlebt werden, sich dadurch fast zwangsläufig zu einer Notfallreaktion aufschaukeln und zur Ursache immer wieder aufflammender Ängste werden.

Gerade durch die zunehmende Angst und den Druck im Brustkorb atmen die Betroffenen noch tiefer und heftiger. Sie befördern immer mehr Kohlendioxyd aus dem Körper, ohne genug neuen ›Abfall‹ zu produzieren. Panik und Hyperventilationstetanie werden intensiver, es entsteht ein Teufelskreis, der häufig beim Notarzt endet.

Dabei ist die Hyperventilationstetanie an sich nichts Schlimmes. All das, was es braucht, um wieder einen ausgeglichenen Bluthaushalt zu bekommen, steht uns zur Verfügung. Wir müssen ruhig und langsam, am Besten nach vorgezähltem Takt (Ein – Aus – Ein – Aus....) in den Bauch, nicht in die Brust atmen. Hierdurch wird zunächst verhindert, daß weiterhin übermäßig viel Kohlendioxyd abgeatmet wird. Wenn die Tetanie schon recht stark ist, hilft es, sich eine Plastiktüte vor Mund und Nase zu halten und immer wieder das abgeatmete Kohlendioxyd einzuatmen. Langsam aber sicher steigt dann der CO_2-Gehalt im Blut wieder an. Dadurch gibt es wieder mehr freies Kalzium im Blut, und die Muskeln werden geschmeidig.

Früher spritzten viele Ärzte bei Hyperventilationstetanien Kalzium. Dadurch wurde künstlich mehr freies Kalzium im Blut geschaffen, und die Tetanie löste sich. Dabei wäre eigentlich keine Zufuhr von Kalzium durch eine Spritze notwendig gewesen, sondern lediglich die Umverteilung im Blut durch ruhiges Atmen oder die Plastiktüte. Bei starken Tetanien werden oft auch Beruhigungsmittel gespritzt, um die streß- und angstbedingte Atemanregung zu verhindern – also künstliche Entspannung erzeugt. Wer aber die geschilderten Abläufe und Hilfsmöglichkeiten kennt, wird lernen können, sich selbst zu helfen – anfangs vielleicht noch mit einem Therapeuten zusammen, dann auch alleine.

Doch nun zurück zu Herrn P., der von alledem, was Sie gerade gelesen haben, nichts wußte.

Die Konsequenzen (›C‹)

Die auslösenden Situationen (S) haben wir herausgearbeitet, ebenso Körperreaktionen, Gedanken und Verhalten während der Panik (R).

Im folgenden werfen wir einen Blick auf die Konsequenzen (C) der Angstanfälle. Die augenscheinlichste Konsequenz liegt wohl darin, daß Herr P. nach jedem Anfall stärker verunsichert ist und seine Körperreaktionen ängstlich und mißtrauisch beobachtet. Daraufhin besucht er häufiger Ärzte, von denen er beruhigende Diagnosen und endgültige Hilfe erwartet. Die zunehmenden, wenn auch kurzzeitigen Ausfälle seiner Arbeitskraft führten auf Seiten der Kollegen zu der Einschätzung, er sei unzuverlässig. Die daraus entstehenden atmosphärischen Spannungen hatten zur Folge, daß Herr P. sich am Arbeitsplatz nicht mehr wohl fühlte, was natürlich seine Streßanfälligkeit noch erhöhte.

Es gibt aber auch positive Konsequenzen des Krankseins. Wer erinnert sich nicht an die stillen Freuden, während der Schulzeit wegen einer Grippe die Klassenarbeit nicht mitschreiben zu können?! Herr P. konnte sich sehr schlecht gegen Vorwürfe wehren, alle Ungerechtigkeiten fraß er in sich hinein. Jedes Fernbleiben vom Arbeitsplatz bedeutete für unseren geplagten Patienten natürlich auch eine »Auszeit« und damit eine Erholung von den Angriffen, denen er hilflos ausgeliefert war.

Langfristig stärkt es natürlich nicht gerade das Selbstbewußtsein, auf Streitereien immer nur mit Rückzug und Angstreaktionen antworten zu können...

Selbstverständlich sind damit nicht alle möglichen Konsequenzen der Erkrankung aufgezeigt, und man könnte auch bei den ›S‹ und ›R‹ noch viel mehr ins Detail gehen. Um Ihnen einige Denkanstöße zu geben, sollte die bisherige Darstellung jedoch ausreichen. Bevor wir uns die bei dem Patienten vorgenommenen Therapieschritte ansehen, hier eine kurze Zusammenfassung nach S, R und C:

S: — Wehrlosigkeit bei Vorwürfen und Sticheleien von Arbeitskollegen
  — Ängstliche Beobachtung vermeintlicher Auffälligkeiten der körperlichen Abläufe
  — Hyperventilation, durch Aufregung ausgelöst
R: — Gedanke: ›Tod‹
  — Verhalten: Wiederholte Kontrolle und Beobachtung der beängstigenden körperlichen Vorgänge
  — Körper: Zittern, Schweißausbrüche, Kälte- und Hitzeschauer, Enge in der Brust
C: — Zunehmende Verunsicherung
  — Häufige Arztbesuche
  — Häufigere Fehlzeiten, der Körper verschafft sich dadurch Rückzugsmöglichkeiten bei größerem beruflichen Streß

Der Behandlungsverlauf

Nachdem wir genauer über die Begleitumstände der Anfälle informiert waren, lagen auch die Probleme des Patienten klarer auf der Hand. Zusammen mit Herrn P. wurden folgende Therapieziele herausgearbeitet:
1. Genau über die Vorgänge während einer Panikattacke Bescheid wissen und diese Kenntnisse anwenden können.
2. Frühzeitig merken, wann die Hyperventilation beginnt.
3. Selbstsicherer mit den Arbeitskollegen umgehen und Beschuldigungen klarstellen, anstatt alles in stiller Wut zu ertragen.

Ziel 1: Bescheid wissen

Über mehrere Sitzungen verteilt, erklärten wir dem Patienten alles über die Funktionsweise des Autonomen Nervensystems, über Notfallreaktionen und was man empfindet, wenn die bereitgestellte Energie nicht durch körperliche Bewegung (Flüchten oder Kämpfen) abgearbeitet wird. Wir besprachen alles, was Sie aus dem Kapitel über die Grundlagen der Ängste schon wissen. Ein weiteres wichtiges Kapitel unserer Schulung behandelte das Thema Hyperventilation. Wir gaben uns alle Mühe, Herrn P. zum Spezialisten für seine körperlichen Prozesse auszubilden.

Aber das reicht natürlich nicht! Der aufmerksame Leser hat sich vielleicht schon gefragt, ob unser Herr P. an all das noch glaubt, wenn die Panik wieder einmal zuschlägt. Wie wir wissen, ist es mit dem klaren Denken während einer Notfallreaktion so eine Sache. Kommt dann noch eine Hyperventilationstetanie hinzu, ist das Gehirn sogar noch weniger gut durchblutet. Natürlich werden sich dann die gewohnten beängstigenden Erinnerungen und Befürchtungen aufdrängen und nicht die wissenschaftlichen Fakten, die ein wohlgesonnener Psychologe für seinen Patienten zusammengetragen hat.

Das kann nur heißen, daß der Betroffene allmählich lernen muß, sich während des Angstanfalles seine Beschwerden vernünftig zu erklären. Der einzige Weg dahin führt über das beständige, tägliche Üben von Panikattacken; solange, bis man sich kaum noch darüber aufregt und beruhigende Gedanken über die gerade ablaufenden körperlichen Prozesse ins Gedächtnis rufen kann.

Hier greifen also zwei Mechanismen ineinander: Durch das regelmäßige, geplante Erleben der Angst gewöhnt sich der Betroffene an den körperlichen Zustand, hat dadurch auch die Möglichkeit, sich gedanklich zu trösten. Die beruhigenden ›wissenschaftlichen‹ Gedanken müssen die Todesphantasien ersetzen, weil sich ansonsten die körperlichen Reaktionen erneut aufschaukeln würden. Um diesen ruhigeren körperlichen und seelischen Zustand herzustellen, mußte sich Herr P. also zunächst an seine Angstreaktionen gewöhnen.

Wir haben in den Kapiteln über Aktivierung und Habituation gelernt, daß unsere (und Herrn P.'s) Großhirnrinde alle Sinneseindrücke als normal absegnen muß, bevor sie die ARAS-Aktivität dämpft. Wenn sich nun Herr P. jeden Tag einer Panikattacke aussetzt, dies sogar plant, wird er sich irgendwann soweit daran gewöhnt haben, daß sich die Erregung in Maßen hält. Er ›habituiert‹ schneller und kann beginnen, sich zur weiteren Beruhigung wissenschaftlich zu beobachten.

Nachdem wir dies alles dem Patienten erklärt hatten, war er (zunächst mit großem Widerwillen) bereit, durch selbsteingeleitete Hyperventilation täglich Panikattacken herzustellen, etwa nach dem Motto: Ich kann den Umgang mit der Angst nur üben, wenn ich auch Angst habe. Kein Mensch käme auf die Idee, ohne Klavier Klavier zu üben!

Durch schnelles und heftiges Ein- und Ausatmen über etwa eine Minute konnte unser Mann sehr leicht den Beginn einer Hyperventilationstetanie und die damit verbundenen Ängste und körperlichen Symptome herstellen.

Herr P. war am Anfang dieser Übungen, die natürlich zunächst nur im Beisein eines Therapeuten durchgeführt wurden, entsetzt über die Heftigkeit der auftretenden Beschwerden, andererseits aber auch überrascht, wie leicht er einen lange gefürchteten Anfall tatsächlich selbst herstellen konnte.

Herr P. erzeugte jeden Tag mindestens einmal einen Panikanfall durch Hyperventilation. In der nächsten Woche brauchte der Patient schon nicht mehr unseren Beistand, sondern konnte sich selbst die Erklärungen für die körperlichen Symptome geben. Er übte so lange, bis er keine Angst mehr vor einer Hyperventilationstetanie hatte. Auch die anderen körperlichen Begleiterscheinungen der Bereitstellungsreaktion machten ihm nun keine Probleme mehr.

Ziel 2: Auf die Atmung achten

Um auch ›draußen‹ frühzeitig einen Beginn einer Hyperventilation zu bemerken, d. h. sensibler auf seine Atmung zu achten, schickten wir den Patienten in eine sogenante ›Atemgruppe‹. Dort lernte er, seine Atmung besser zu beobachten und erste Anzeichen für ein zu heftiges und hektisches Aus- und Einatmen zu erkennen. Sobald sich das von der Hyperventilation her bekannte leichte Kribbeln einstellte, begann der Patient, die ihm beigebrachte Bauchatmung zur Beruhigung einzusetzen.

Dieser Therapieschritt sollte mögliche Rückfälle in die Hyperventilation schon im Vorfeld ausschalten.

Ziel 3: Sich wehren können

Der Sinn des dritten Therapiezieles liegt auf der Hand. Wenn der Patient immer alle Vorwürfe schluckt und sich dabei aufregt, ist die Wahrscheinlichkeit, daß es zu einer Bereitstellungsreaktion mit den sich aufschaukelnden Ängsten kommt, sehr groß. Also nahm Herr P. an einer Gruppentherapie teil, in der selbstsicheres Verhalten eingeübt wurde. In Form von Spielen übte er mit anderen Patienten Lebenssituationen, in denen man sich selbst behaupten muß. Beispielsweise spielte ein anderer Patient den Chef des Herrn P., der ihn gerade kritisierte. Daraufhin mußte unser Patient dem Chef selbstsicher begründen, warum er nicht alles auf einmal machen kann. Selbstsicherheitstrainings sind sehr effektive Gruppentherapien, gerade für einen stillen, unsicheren Menschen.

Vielleicht werden Sie jetzt denken: »Was hat denn der davon, wenn ein anderer seinen Chef spielt, das ist doch Kinderkram...!« Aber auch das Schwimmen erlernt man im Nichtschwimmerbecken, damit es nicht beim ersten Versuch bleibt. Man braucht die Chance, etwas korrigieren zu können, ohne gleich unterzugehen!

Herr P. hatte die drei vorgenommenen Ziele nach etwa 8 Wochen erreicht und brannte darauf, endlich wieder nach Hause zu dürfen.

Draußen ist feindliches Gebiet: die Agoraphobie

Frau A. war 34 Jahre alt, als sie zu uns in die Klinik kam. Zu diesem Zeitpunkt hatte sie mehrere Panikattacken erlebt und traute sich seit zwei Jahren nur noch zur Arbeit, ansonsten keinen Zentimeter vor die Haustür. Sie war seit drei Jahren zum zweitenmal verheiratet und hatte einen neunjährigen Sohn. Ihr erster Mann, der Vater des Kindes, war vor 8 Jahren bei einem Autounfall ums Leben gekommen. Frau A. lebte mit ihrer Familie im Häuschen der verwitweten Mutter, die alleine im ausgebauten Dachgeschoß wohnte. Die Patientin war Arzthelferin und arbeitete vormittags bei einem Zahnarzt. Nachmittags kümmerte sie sich um den Haushalt, oft auch um den der Mutter, da diese als Fabrikarbeiterin in Wechselschicht häufig sehr erschöpft war. Frau A. bezeichnete die Stimmung zuhause als harmonisch, jeder helfe jedem, und das sei auch notwendig, weil einem sonst die viele Arbeit über den Kopf wachse.

Die Krankheitsgeschichte

Vor etwa 4 Jahren, während eines Sommerurlaubs in Portugal, erlebte die Patientin zum ersten Mal in ihrem Leben einen Schwächeanfall. Sie sei ›umgekippt‹, in Ohnmacht gefallen. Die Patientin war nach dieser Begebenheit äußerst verunsichert, stellte ihre Gesundheit und Leistungsfähigkeit in Frage und machte sich Sorgen um die Zukunft ihres Kindes. Dabei konnte sie für den Kreislaufkollaps sehr gut die extreme Hitze veranwortlich machen. Sie hatte sich aber auch insgesamt in der Urlaubsgesellschaft nicht wohl gefühlt; zusammen mit ihrem Sohn unter Pärchen, die oft ›von oben herab‹ auf die alleinerziehende Mutter geblickt hätten. Der Urlaub sei eigentlich eine Qual gewesen, sie hätte ihn am liebsten abgebrochen.

Ein Jahr später, inzwischen hatte Frau A. ihren jetzigen

Mann kennengelernt, passierte das große Unglück. Seit dem Portugalurlaub hatte die Patientin zwar an Vertrauen zu ihrem Körper verloren, zwischenzeitlich waren aber weitere Schwächeanfälle ausgeblieben. Doch dann kam das, womit sie insgeheim schon lange gerechnet hatte: der Rückfall. Sie saß mit ihrem Sohn zusammen beim Kinderarzt im Wartezimmer, als es losging. Alles war plötzlich so seltsam fremd um sie herum. Die anderen Patienten im Wartezimmer gehörten irgendwie gar nicht dahin, die Umwelt, die Menschen, jeder Blick schien ihr zu bestätigen, daß die Umgebung auf eine grausame, unbarmherzige Art nicht mehr zu ihr gehörte. Sie hatte das Gefühl, als trenne sie eine unzerstörbare Glaskuppel vom Rest der Welt. Aber dabei blieb es nicht. Irgendwie kam ihr Körper ihr genauso fremd und unkontrollierbar vor. Sie spürte Schweißperlen auf der Stirn. »Nichts wie raus hier!«, dachte sie beunruhigt, stammelte ihrem Sohn ein paar entschuldigende Worte und verließ die Arztpraxis mit dem Ziel, auf dem Hof Luft zu schnappen.

Auf dem Weg nach draußen wurde der körperliche Zustand erst richtig bedrohlich. Sie hatte das Gefühl, als zerspringe ihre Brust, konnte nicht mehr schlucken, nicht mehr atmen, kaum mehr richtig gehen. Im Hof ließ sie sich vor Erschöpfung auf den Boden fallen und zitterte wie Espenlaub, ihr Herz raste. Kurze Zeit später stand eine Sprechstundenhilfe, dann der Arzt bei ihr. Ein Krankenwagen brachte sie bald in eine Klinik und Frau A. blieb drei Tage zur Beobachtung. – Alle Untersuchungsbefunde stellten sich als ›normal‹ heraus, und so ging sie mit ungutem Gefühl wieder arbeiten.

Zwei Wochen später fuhr sie mit dem Auto in die nahegelegene Kreisstadt, als sie auf der Autobahnbrücke wieder dieses ›Wartezimmergefühl‹ beschlich und sie heftige Schmerzen in der Herzgegend beunruhigten. Sie fuhr so schnell wie möglich auf den nächsten Parkplatz und versuchte dort, wieder normal Luft zu bekommen, indem sie die Seitenscheibe hinunterkurbelte und ganz ruhig sitzen blieb. Irgendwann ging es ihr wenigstens soweit wieder gut, daß sie ganz langsam nach Hause fahren konnte. Dabei schwor sie sich, nie wieder in dieses Auto zu steigen.

Am nächsten Tag ging Frau A. zu ihrem Hausarzt und erzählte ihm die ganz Geschichte. Er untersuchte sie, ließ ein EKG und ein Belastungs-EKG schreiben und bestellte sie für den nächsten Tag wieder ein. Die Ergebnisse waren erneut unauffällig, Frau A. bekam leichte Beruhigungsmittel verschrieben und wurde nach Hause geschickt.

14 Tage später bekam unsere Patientin im Kaufhaus den nächsten Anfall. Diesmal fing es mit dem Druck in der Brust und Herzrasen an. Sie bekam zittrige Knie, und ihr wurde schwarz vor Augen: »Nichts wie raus hier!« Einigermaßen wohlbehalten wieder zu Hause, bat sie ihre Mutter, die restlichen Besorgungen zu machen. Ihrem Ehemann hatte sie bis jetzt noch nichts von diesen rätselhaften Anfällen erzählt und auch Sohn und Kolleginnen gegenüber hielt sie sich zunächst bedeckt. Auffällig wurde ihre rätselhafte Krankheit erst, als sich die Ausflüchte wiederholten, weshalb sie gerade nicht einkaufen gehen konnte, nicht mehr zur Freundin in die Stadt fuhr oder nicht alleine mit dem Sohn in den Zoo ging. Frau A. hatte innerhalb eines halben Jahres derart große Ängste vor einem erneuten Anfall aufgebaut, daß sie sich nur noch zu Hause, in der Nähe des Telefons (um schnell den Notarzt rufen zu können) oder an ihrem Arbeitsplatz in der Arztpraxis sicher fühlte. Freunde und Familie waren ratlos, versuchten aber mit allen Mitteln, der armen Frau zu helfen.

Der Ehemann bemühte sich, regelmäßig abends zuhause zu sein und übernahm am Wochenende die größeren Einkäufe. »Irgendwann geht das schon wieder«, tröstete sie sich und nahm regelmäßig ihre Medikamente ein, um sicher zu gehen, daß die mittlerweile als ›vegetative Dystonie‹ diagnostizierte Störung nicht von neuem ausbrach.

Frau A. schleppte sich über die Zeit, ohne daß ihre Furcht vor einer neuen Attacke nachließ. Sie traute sich weiterhin selten aus dem Haus, weil sie glaubte, daß wieder ein Anfall auftreten würde. Daß ihr Herz heftig schlug, schon wenn sie die Treppe zur Mutter hinaufging, war für sie der sichere Beweis, daß da etwas auf der Lauer lag. Es gab nichts mehr, das ihr richtig Freude bereitete, und in Absprache mit ihrem Mann und den Ärzten entschloß sie sich zu einer Psychotherapie.

Mit ihrer Therapeutin redete sie sehr ausführlich über ihre

Ängstlichkeit und stille Verzweiflung. Vielleicht hatten die Beschwerden mit dem früheren Tod ihres ersten Mannes zu tun?!... Die Therapie tat ihr gut, endlich konnte sie sich einmal aussprechen. Es änderte sich aber nichts. Im Gegenteil, mit einem Schlag brach das Leid von neuem auf: Die Großtante war bei der Mutter zu Besuch. Alle saßen gemütlich bei Kaffee und Kuchen, als die ältere Dame auf dem Weg zur Toilette einen Schwächeanfall bekam und in sich zusammensank.

Diesen Nachmittag erlebte unsere Patientin wie in Trance. Die Blässe der alten Frau, die Spritze des Hausarztes, all das erinnerte Frau A. an den Tod und wie schnell auch sie selbst ein solcher Anfall wieder heimsuchen könnte. Sie war verzagt wie nie in ihrem Leben. In den folgenden Wochen kamen weder die Ärzte noch die Therapeutin mit ihr zurecht und empfahlen ihr deshalb eine stationäre psychosomatische Behandlung.

Wie die Beschwerden im einzelnen aussehen

Die Beschwerden (›R‹)

Auch in diesem Beispiel werden wir die Beschwerden (R) unter körperlichen, gedanklichen und Verhaltensaspekten betrachten.

– *Körper:*

Frau A. nahm verschiedenste Symptome während ihrer Anfälle wahr. Ein plötzliches Schwinden der Sinne mit ohnmächtigem Zusammenbruch gab es nur einmal, damals im Sommerurlaub.

Bis auf das Schwarzwerden vor den Augen hatten die später folgenden Attacken auf der körperlichen Ebene nichts mit der Ohnmacht in Portugal gemein.

Erinnern wir uns: Die Anfälle im Wartezimmer, im Auto und im Kaufhaus verliefen bis auf den Beginn gleich. Es gab heftige Schweißausbrüche, Druckschmerzen und Engegefühl in der Brust, zittrige Knie, Schwarzwerden vor den Augen und Herzrasen. Einmal fing alles mit diesem Druck in der Brust an, zweimal mit einer seltsamen Wahrnehmung:

Die Welt erschien wie durch eine Glaskuppel von der Patientin getrennt.
- *Gedanken:*
Bei allen Anfällen schwankte Frau A. immer zwischen den Vorstellungen, durchzudrehen oder zu Tode zu kommen. Insbesondere die verzerrte Wahrnehmung der Umgebung und auch ihres Körpers (›so als gehörten Arme und Beine gar nicht mehr zu mir‹) ließen sie schon zu Beginn einer Attacke befürchten, in den nächsten Minuten verrückt zu werden und laut schreien zu müssen. In diesem Erleben malte sie sich hilflos leidend die ganz Welt trostlos unbeteiligt aus. Genau der aus dieser Weltsicht sich ergebende Gedanke: »Keiner kann mir helfen«, drängte sich auch bei den Anfällen auf der Autobahnbrücke und im Kaufhaus auf. Während sie ihre körperlichen Veränderungen beobachtete, glaubte sie fest daran, jeden Augenblick in Ohnmacht zu fallen oder gar zu sterben. Sie empfand die untrügliche Gewißheit, sich nicht mehr unter Kontrolle zu haben.
- *Verhalten:*
Die wichtigste Reaktion der Patientin war nach ihren eigenen Angaben der Versuch, nicht die Fassung zu verlieren, d. h. nicht zu schreien und nicht in Ohnmacht zu fallen. Um das zu erreichen, atmete die Patientin so tief, daß die ohnehin schon schmerzende Brust bald zu platzen schien. Außerdem versuchte sie trotz der extremen Angst, sich einen ruhigen Platz zu suchen, wo sie unbeobachtet war: raus aus dem Wartezimmer, im Kaufhaus in eine stille Ecke, möglichst nahe am Telefon.

Die auslösenden Situationen (›S‹)

Es gab drei Situationen, in denen Frau A. einen Panikanfall bekommen hatte. In dem Wartezimmer im Beisein ihres Sohnes, auf der Autobahnbrücke und im Kaufhaus. Den Schwächeanfall im Sommerurlaub hatte die Patientin zunächst recht locker als Ohnmacht – aus welchen Gründen auch immer (Hitze, ›stressige‹ Leute) – eingeordnet. Er lieferte Frau A. jedoch einen Grund, an der reibungslosen Funktionstüchtigkeit ihres

Körpers zu zweifeln. Wir wissen nicht, welche Umstände dazu geführt haben, daß unserer Patientin im Wartezimmer plötzlich alles fremd und seltsam entfernt erschien. Nach dieser ersten überraschenden Wahrnehmung jedenfalls bemerkte sie, daß insgesamt etwas mit ihr nicht stimmte.

Alle die körperlichen Symptome gehören, wie wir mittlerweile wissen, zu den sympathikotonen Bereitstellungsreaktionen.

Die seltsam fremd anmutende Wahrnehmung der Umwelt nennt man ›*Derealisation*‹, das Gefühl, man gehöre eigentlich auch nicht richtig zu sich selbst, nennt man ›*Depersonalisation*‹. Beide Wahrnehmungsstörungen kommen im Rahmen von Panikattacken sehr häufig vor. Das ist eigentlich kein Wunder, denn wenn sich im Körper eine Bereitstellungsreaktion zusammenbraut, ohne daß es einen offensichtlichen äußeren Auslöser gibt, konzentrieren sich die Sinne auf das, was in den Eingeweiden vor sich geht. Die Folge davon ist, daß alle äußeren Gegebenheiten in den Hintergrund unserer Wahrnehmung treten.

Wenn man das weiß, stellen die Derealisation und Depersonalisation keinen Grund zur Beunruhigung mehr dar. Für unsere Patientin war diese erschreckende Wahrnehmung allerdings der Auslöser für die im Hof mit einer Hyperventilationstetanie endende Panikattacke. Wir haben nie herausgefunden, wodurch die Derealisation bzw. die körperlichen Symptome eingeleitet wurden. (Wir erinnern uns: Bei Herrn P. war die Wut über die Frechheit des Kollegen der Grund für die körperliche Erregung und damit die Grundlage für die erste Panikattacke.) Vielleicht hatte die Patientin die Tage zuvor zuviel gearbeitet, zuwenig geschlafen und gegessen oder zuviel geraucht. Vielleicht gab es Ehe- oder Schulprobleme, die sie, ohne daß sie es richtig merkte, aufregten, möglicherweise stand Frau A. unter Zeitdruck und die Warterei beim Kinderarzt dauerte ihr zu lange.

Es ist sehr typisch für Patienten mit Agoraphobien und Angstanfällen, daß sie höchst selten auf die Idee kommen, die erlebte vegetative (autonome) Überreaktion auf bestimmte ›stressige‹ Lebensumstände zurückzuführen. Stattdessen betrachten sie die unangenehmen Körpersignale als Vorboten einer bösartigen Krankheit, des drohenden Wahnsinns oder des nahenden Todes.

Die zweite Situation, die Fahrt über die Autobahnbrücke, war der Patientin in deutlicher Erinnerung, und sie konnte sogar einen Grund für ihre Aufregung nennen: »Klar, ich fuhr auf der Autobahn und sah die Brücke vor mir. Ich wußte, die hat keine Standspur. Und dann dachte ich, wenn jetzt etwas passiert, komme ich da nie mehr raus.«

Prompt passierte ganu das, was Frau A. sich vorstellte. Hier hat also die Angst vor einem Anfall genau den Anfall eingeleitet. Aber die Patientin wußte das natürlich nicht, sondern war der festen Überzeugung, nie mehr von dieser Autobahn hinunterzukommen. Die Panik im Kaufhaus ist ähnlich zu erklären. Auc hier gab es im Vorfeld Spannungen, die Frau A. aber nicht mit den im stickigen Kaufhaus erlebten Symptomen zusammenzubringen wußte. Der Gedanke, jetzt zwischen so vielen Leuten einen Anfall mit sehr unklarem Ausgang zu bekommen, ließ sie nervös werden. Und schon entfaltete sich der Teufelskreis aus Aufregung – Aufregung über die Aufregung – stärkere Erregung – Angst über die stärkere Erregung...

Von diesem Zeitpunkt an vermied die Patientin möglichst alle Gelegenheiten, die ihr in irgendeiner Form wie eine Falle erschienen. Eine Falle, in der ein möglicher Angstanfall eine Peinlichkeit darstellte, in der keine schnelle Hilfe zur Verfügung stand oder aus der die Flucht schwierig erschient.

Aufgrund dieser drei Panikanfälle fürchtete sich Frau A. vor sämtlichen Gelegenheiten, in denen es ihr möglich schien, ohnmächtig den gräßlichen, bedrohlichen Vorboten des Wahnsinns oder des Todes, am Ende noch vor Publikum, ausgeliefert zu sein. Sie dachte dabei aber weniger an die Anfälle und ihre Auswirkungen, sondern fürchtete das Gefühl, im Angesicht der Bedrohung keinen Ausweg zu wissen. Sie hatte Angst vor der Angst.

Zum Zeitpunkt der Aufnahme in unsere Klinik ging die Patientin kaum noch aus dem Haus, und selbst das Alleinsein mit ihrem Sohn machte ihr Probleme. Denn bei aller Liebe – was sollte sie um Himmels willen tun, wenn sie einen Anfall bekäme? Ihr Sohn hätte in solch einem Fall ihre spontane Handlungsfähigkeit eingeschränkt – sie könnte ihn doch nicht einfach wegschicken, wenn ›das alles‹ wieder anfinge. Außerdem sollte ihr Sohn auch nicht sehen, wenn es der Mutter schlecht ging. Sie grämte sich sehr darüber, daß er ihr manchmal wie ein Klotz am Bein erschien...

Alle Gegebenheiten, in denen keine sofortige Hilfe gewährleistet war, konnten bei Frau A. Angst auslösen. Zum Glück arbeitete sie in einer Arztpraxis und fühlte sich dort sicher, sonst hätte sie überhaupt keinen Fuß mehr alleine auf die Straße gesetzt. Zu Hause war die Sicherheit durch das Telefon und genügend Medikamente garantiert. Frau A. fürchtete sich vor allen sie in irgendeiner Weise einengenden Situationen; sie war ihre eigene Gefangene, denn sie kontrollierte nicht einmal mehr, ob die erwarteten, hilflos machenden Angstanfälle tatsächlich auftraten. Schon der Gedanke an diese Möglichkeit stellte eine ›innere‹ auslösende Situation für ihr Vermeidungsverhalten dar.

Natürlich fing Frau A. an, sich im Rahmen des vermehrten Rückzugs auch körperlich zu schonen. Sie hatte zwar nie viel Sport getrieben, aber selbst zwei Stunden Hausfrauengymnastik in der Woche waren ihr jetzt zu riskant. »Einerseits«, dachte sie, »sind mir da zuviele Menschen, und außerdem bin ich im Moment körperlich sowieso nicht stabil.« Frau A. hatte mittlerweile schon Schwierigkeiten, Treppen zu steigen, ohne die Angst zu bekommen, ihr Herz zerspringe. Der schnelle Puls bei einer körperlichen Anstrengung war für die Patientin ein Auslöser für Schonverhalten geworden. Frau A. hatte sich eine Art »Verschleißtheorie« angeeignet nach dem Motto: »Je mehr ich mich anstrenge, um so störanfälliger wird mein Körper. Wenn ich mich schone, kann sich mein Organismus ausruhen und heilen, so wie man schneller gesund wird, wenn man sich bei Fieber ins Bett legt.«

Die Konsequenzen (»C«)

Genau wie Herr P. verlor unsere Patientin nach jeder Panikattacke ein Stückchen Vertrauen in ihre körperliche Funktionstüchtigkeit. Das zeigte sich in der für Frau A. neuen Neigung, ängstlich alle körperliche Abläufe zu kontrollieren (durch häufiges Pulsfühlen oder Beobachten, ob die Atmung noch gleichmäßig funktioniert).

Aus ihrer Verschleißtheorie (»Je mehr ich tue, um so früher gehe ich kaputt«) folgte die Tendenz, sich körperlich zu schonen, was natürlich negative Folgen für das Herz-Kreislaufsystem und das seelische Wohlbefinden hatte: je weniger unser Kreislauf durch körperliche Leistungen trainiert wird, um so anstrengender empfindet man körperliche Betätigung. Frau A. fühlte sich manchmal schon richtig alt. Das heftig pochende Herz und die Kurzatmigkeit beim Treppensteigen wertete sie als Vorboten weiterer Panikanfälle, als Zeichen ihrer Krankheit, anstatt als drängenden Ausdrucks ihres Organismus, endlich wieder trainiert und gefordert werden zu wollen. Mit der größer werdenden Ratlosigkeit, was ihr denn noch helfen könnte gegen die Angst, wurde die Patientin auch zunehmend traurig und verzweifelt. Gerade in solchen Phasen hätte ihr eine leichte körperliche Betätigung besonders gut getan. Stattdessen fühlte sie sich abhängig von angst- und depressionslösenden Tabletten. Ein Medikament nahm sie dreimal täglich ein, ein anderes trug sie für den ›Bedarf‹ immer mit sich, gewissermaßen als Rettungsanker, falls sich ein Anfall ankündigen sollte.

Frau A. traute sich nichts mehr alleine zu, fühlte sich von ihrem Körper bedroht und abhängig von Ärzten, Medikamenten, dem Beistand und Trost ihrer Familie.

Aber es gab auch Veränderungen, die der Patientin Erleichterungen und Annehmlichkeiten verschafften, obwohl sie sich das zunächst nicht sehr gerne eingestand. Vor Ausbruch der Angststörung fühlte sich Frau A. des öfteren am Rande der Verzweiflung wegen der übermäßigen Arbeitsbelastung. Kindererziehung inclusive Hausaufgabenbetreuung, Haushaltsführung (den eigenen und auch den ihrer Mutter) sowie halbtags arbeiten, das war ihr manchmal einfach zuviel. Aber das gestand sie sich nur in ganz stillen Stunden ein, wenn der Sohn endlich im Bett war und ihr Mann auf Geschäftsreise. »Eigentlich könnte der auch mal was im Haushalt tun, könnte sowieso öfter zu Hause sein. Mutter könnte auf dem Heimweg von der Arbeit wenigstens ein paar Einkäufe erledigen. Den Beruf aufgeben? Nein, nie, das ist doch das einzige, was ich für mich habe und was hätte ich denn als Witwe gemacht ohne die Arztpraxis?« Früher versank sie häufiger in solche Selbstgespräche; als ihre Krankheit begann, änderte sich das. Der Mann war jetzt fast jeden Abend zuhause, half kräftig im Haushalt mit, die Mutter putzte wieder das Treppenhaus und erledigte täglich die dringendsten Einkäufe. Frau A. mußte sich keine Gedanken mehr um ihre Überlastung machen, sie hatte sie gegen die Sorge um die Angstanfälle eingetauscht.

Wenn sie mit ihrer Angst kam, konnte sie alles bei ihrem Mann erreichen und brauchte kein schlechtes Gewissen zu haben. Als sie noch gesund war, hatte sie sich nie so richtig getraut, auch einmal einen Wunsch zu äußern. Irgendwann hatte die Mutter einmal halb im Scherz bemerkt: »Früher hatte er dich im Griff, aber heute... Du und deine Angst, das sind zwei gegen einen.«

Genau wie bei Herrn P. könnte man die mit der Störung zusammenhängenden Veränderungen noch ausführlicher darstellen. Aber als Beispiel genügt es so, um Ihnen zu zeigen, welche gravierenden Veränderungen (häufig auch positiver Art) längerdauernde Störung erzeugen.

Bevor wir zur Therapie kommen, hier noch einmal eine kurze Zusammenfassung der Störung im ›S-R-C-Schema‹:

S: — Wartezimmer, Autobahnbrücke, Kaufhaus
 — ängstliche Interpretation von Derealisation und Depersonalisation, Druck in der Brust, andere auffällige Körperregungen
 — Gedanken an Situationen, in denen Angstanfälle peinlich auffallen könnten oder in denen eine Flucht erschwert und Hilfe nicht gewährleistet ist

R: Gedanken: — »Niemand kann mir helfen«, »Ich sterbe«, »Alles ist so seltsam fremd, ich werde wahnsinnig«, »Ich darf jetzt nicht auffallen«, »Nur raus hier«
 Körper: — vegetative (sympathikotone) Erregung
 — Depersonalisation, Derealisation
 Verhalten: — tief und fest atmen
 — Flucht aus der Menge

C: – Verunsicherung
 – körperliches Schonverhalten
 – sozialer Rückzug
 – Abhängigkeit von Medikamenten und »Sicherheitssignalen« (immer Tabletten dabeihaben, sich in der Nähe eines Telefons aufhalten)
 – vermehrte Zuwendung und Unterstützung von Seiten der Familie

Der Behandlungsverlauf

In der Sicherheit, daß die vorbehandelnden Ärzte mögliche körperliche Gründe für die Störung ausgeschlossen hatten, konnten wir direkt mit der Verhaltenstherapie beginnen. Am Anfang der Behandlung stand, nachdem wir etwas genauer über die Probleme der Patientin Bescheid wußten, die genaue Aufkärung über die körperlichen Vorgänge während der Panikanfälle. Wir erklärten ihr in diesem Zusammenhang, daß Angstpatienten häufig gar nicht auf die Idee kommen, vegetative (autonome) Erregungszustände mit vorausgegangenem Streß in Verbindung zu bringen, sondern ihre Symptome als Vorboten einer schlimmen Krankheit werten. Um ihr zu helfen, die Verbindung von Streß und körperlichen Symptomen besser zu erkennen, wurde Frau A. angewiesen, ein S-R-C-Protokoll zu führen. D. h. sie notierte, sobald sie irgendein gefürchtetes Symptom (R) bemerkte, in welcher Situation (S) das Symptom auftrat und was dem vorausging. Weiterhin sollte sie festhalten, was sie danach tat und dachte (C).

Nach einiger Übung konnte Frau A. klarer Zusammenhänge zwischen belastenden Situationen und ihren körperlichen Erregungszuständen sehen. Manchmal regte sie sich über einen anderen Patienten auf und schon protokollierte sie: ›Druck in der Brust‹. Sie lernte auch bald, daß körperliche Symptome die nützlichsten Selbstschutzsignale sind, die wir Menschen besitzen. Frau A. zog daraus für sich die Konsequenz, in Zukunft beim Auftauchen von Beschwerden zunächst zu überprüfen, ob sie sich auf etwas eingelassen hatte, was ihr mehr schadet als nützt. Und natürlich Mann und Mutter aufzufordern, sich weiterhin im Haushalt zu engagieren, auch wenn niemand krank ist. Ihr war klar geworden, daß der permanente Streß durch die tägliche Überlastung, auch wenn sie diese manchmal gar nicht richtig empfand, Panikanfälle auslösen konnte.

Parallel zur Protokollierung und den Erkenntnissen, die die Patientin dabei erwarb, bereiteten wir sie auf die Konfrontation mit all dem vor, was ihr angst machte. Ähnlich wie bei Herrn P., den wir immer wieder in eine Hyperventilationstetanie brachten und die begleitenden Angstgedanken durch beruhigende ›wissenschaftliche‹ Argumente zu ersetzen suchten, planten wir auch bei unserer Patientin entsprechende therapeutische Schritte.

Zunächst übten wir mit Frau A. den ›Körpercheck‹ (vgl. Abb.*), d. d. sie lernte die Stärke ihrer Beschwerden von Kopf bis Fuß zwischen 0 (keine Beschwerden) und 100 (extrem schlimm) in verschiedenen Situationen einzuschätzen. Solch eine präzise und disziplinierte Beschreibung der jeweils aktuellen Befindlichkeit bewahrt die Betroffenen davor, sich in die schlimmsten Phantasien hineinzusteigern.

Die Vorbereitung auf den richtigen Umgang mit Angst mußten wir sehr sorgfältig gestalten, da Frau A. einige Übungen ohne unsere Hilfe durchführen sollte. Für Patienten, die an einer Agoraphobie leiden, ist es nämlich häufig nicht möglich, sich in Anwesenheit eines Therapeuten von der Angst überfluten zu lassen. Ein therapeutischer Begleiter bedeutet für viele eine Sicherheitsgarantie, die die Angst verblassen läßt. Frau A. hätte es genossen, in unserem Beisein einen Kaufhausbummel zu machen. Um alleine üben zu können, müssen Patienten genau instruiert sein, wie sie, weitgehend auf sich gestellt, ihren Gedanken und körperlichen Wallungen begegnen können.

Zu Beginn solcher ›Konfrontation‹ erscheint diese Therapie vielen Hilfesuchenden wie der Gang durch die Hölle und etwa 20% – 25% der Patienten lehnen aus diesem Grund diese wirksame Behandlungsform ab (O'Brien und Barlow 1984, zit.

---

* Abb. Körperchecklist (mit freundlicher Genehmigung der Psychosomatischen Fachklinik Bad Dürkheim)

»Körpercheck-Liste«

	0	10	20	30	40	50	60	70	80	90	100
Kopf (insgesamt)											
Druck											
Schwindel											
Schmerzen											
Ohrensausen											
Gesicht (insgesamt)											
Taubheit/Pelzigkeit											
Kribbeln											
Rotwerden											
Mundtrockenheit											
Muskelzucken											
Schultergürtel											
Enge um Hals											
Verspannung/Schmerzen im Nacken											
Brust (insgesamt)											

»Körpercheck-Liste«

	0	10	20	30	40	50	60	70	80	90	100
Enge um die Brust											
Herzstiche											
Herzklopfen/Jagen											
Unregelmäßiger Herzrhytmus											
Bauch (insgesamt)											
Magenbeschwerden/Schmerzen											
Flaues Gefühl im Magen											
Durchfall											
Arme und Beine											
Taubheit/Kribbeln Arme											
Taubheit/Kribbeln Beine											
Zittern in den Beinen											
Schwitzen (Achsel, Hände)											
Weiche Knie											
Wahrnehmung											
Umwelt wird entfernt gesehen											

n. Margraf 1990). Aus diesem Grund bemühten wir uns natürlich, Frau A. den Einstieg in die Veränderungsprozesse möglichst leicht zu machen: Genügend trainiert im Durchführen des Körperchecks, setzte sie sich zunächst im Rahmen von sportlicher Betätigung (vgl. Ehrhardt und Sturm 1990) den bisher bedrohlichen und vermiedenen Bereitstellungsreaktionen aus. Sie erinnern sich, daß selbst zehn Kniebeugen ähnliche vegetative Veränderungen produzieren und unsere Patientin, für Agoraphobiker typisch, diese Veränderung als beängstigend erlebte. Aus diesem Grunde hatte sie auch die Gymnastik eingestellt und sich kaum noch die Treppen hinaufgewagt!

In den Sportstunden konnte sie, durch die Protokollierung vorbereitet, relativ gut ihre Enge in der Brust, das Schwarzwerden vor den Augen (die Minderdurchblutung des Kopfes macht sich am deutlichsten durch die schlechtere Durchblutung des Augenhintergrundes bemerkbar), die Schweißausbrüche und das Muskelzittern auf die körperliche Anstrengung zurückführen. So erlebte sie seit langem wieder einmal ihren angestrengten Körper als etwas Gesundes und Normales – der erste Schritt zur Aufgabe ihres Vermeidungsverhaltens. Die regelmäßige tägliche Sporttherapie hatte aber noch einen anderen Zweck. Frau A. dachte irrtümlicherweise, daß körperliche Aktivität nur noch anfälliger für Panikattacken macht. Ihre ›Verschleißtheorie‹ sorgte für nahezu bewegungslose Lebensführung. Wir erklärten ihr, daß gerade in ihrem Schonverhalten die Ursache für das heftige Herzklopfen liegt. Körperlicher Trainingsmangel führt natürlich schon bei der geringsten Anstrengung zu Zittern und Schwitzen. Einem Sportler ringt Treppensteigen nur ein müdes Lächeln ab.

Mit den ersten Erfolgserlebnissen ausgestattet und gut trainiert, bereitete sich Frau A. nun auf die bisher vermiedenen öffentlichen Situationen vor. Sie hatte drei Ziele:
1. ›alleine in die Stadt gehen können‹
2. ›alleine auf der Autobahn fahren‹
3. ›mit dem Sohn in den Zoo gehen‹

Zur Vorbereitung der dazu erforderlichen Angstbewältigungsübungen reichte die Körpercheckmethode alleine nicht aus. Die Eindrücke, nach langer Zeit wieder unter Menschen zu sein, hätten die Patientin überflutet und die Disziplin bei der Durchführung des Körperchecks wäre dann von der Angst vor katastrophalen Folgen verdrängt worden. Um diesem programmierten Mißerfolg vorzubeugen, übten wir mit der Patientin zusätzlich zum *Körpercheck* noch zwei andere Formen von Selbstgespräche ein. (Den Körpercheck kann man als eine Art Zwiegespräch sehen, bei dem man sich Fragen zur körperlichen Befindlichkeit beantwortet).

Zum einen die ›*Umgebungsbeschreibung*‹: Frau A. trainierte, all das, was sie gerade um sich herum erblickte, zu benennen. Beispielsweise: ›grauer Asphalt, Bürgersteig mit parkenden Autos, ein roter VW, ein schwarzer Mercedes, Mann mit dunklem Trenchcoat, Frau mit weißem Pudel...‹ Der Sinn dieses Selbstgespräches liegt darin, die früher beängstigende Umgebung wieder nüchtern, ohne das: »Um Himmels willen, was denken denn die anderen, wenn ich jetzt gleich umfalle?!« wahrnehmen zu lernen.

Die dritte Form des Selbstgespräches besteht in Antworten auf die Frage: »Warum lasse ich mich bloß auf diese Tortur ein?«! Dadurch beschäftigt sich die Patientin in der gefürchteten Situation mit sich selbst, aber unter Gesichtspunkten, die eine positive zukünftige Lebensgestaltung verheißen. »Weil ich dann endlich wieder tun kann, wozu ich Lust habe«, wäre eine typische Antwort auf diese ›*Motivierungsfrage*‹.

Körpercheck, Umgebungsbeschreibung und Motivierungsfrage übte Frau A. zunächst so lange auf dem ›Trockenen‹, bis sie die Selbstgespräche mühelos im Griff hatte. Wir machten Sie immer wieder darauf aufmerksam, sich in angstauslösenden Umgebungen weitgehend mit diesen Übungen auf Trab zu halten und gedankliche Ablenkung zu vermeiden. Häufig neigen Agoraphobiker dazu, sobald sie sich in möglicherweise angstbesetzten Situationen befinden, die Auseinandersetzung mit der Bedrohung ›im Geiste‹ zu unterdrücken: Sie schweifen mit ihren Gedanken in die Ferne und überlegen, was sie den Kindern zu Weihnachten schenken. Langfristig ist diese Ablenkung aber ein wirkungsloses Unterfangen, weil sich die Angst dennoch immer wieder aufdrängt und mit der bedrohlichen Situation verknüpft bleibt. Nur durch die ständige Auseinandersetzung mit den ablaufenden körperlichen Prozessen und der Umgebung, in der die Übung stattfindet, kann man lernen, den bedrohlichen Situationen die Schärfe und Unberechenbarkeit zu nehmen.

Menschen, die unter einer Phobie leiden, nehmen die angsterzeugenden Umgebungsaspekte meist völlig unrealistisch und überzogen wahr: Einer unserer Patienten, der eine große Furcht davor hatte, über Autobahnbrücken zu fahren, sah diese Bauwerke gar nicht mehr als sichere Konstruktionen aus Stahl und Beton an, sondern als dunkle, lange Monster, die nur danach trachteten, ihn in den Abgrund zu stürzen.

Frau A. sollte lernen, wieder genau hinzusehen, gleichzeitig ihre Gedanken und Körperreaktionen zu beobachten, um dann, wieder zu Hause, den Erfolg auf der ganzen Linie sich selbst zuschreiben zu können.

Vor dem ersten Besuch in der Stadt erinnerten wir die Patientin, daß sie trotz der zu erwartenden heftigen Körperreaktionen keinesfalls sofort umkehren und die Selbstgespräche aufgeben sollte. Allerhöchstens eine kurze Verschnaufpause war erlaubt. Wir wiederholten nochmals, daß ihre Bereitstellungsreaktion eine sehr gesunde Folgeerscheinung ihrer Erwartung eines Desasters sei.

Die zunächst starke Erregung geht erst zurück, wenn sich die Einschätzung, jeden Augenblick könne etwas passieren, verändert. Über die Selbstgespräche und das genaue Wissen über die leibseelischen Abläufe wird bereits zu Beginn der Prozedur versucht, die Katastrophengedanken von der Bereitstellungsreaktion zu entkoppeln, um damit ein weiteres Aufschaukeln zu verhindern. Falls sich die Angst dennoch zur Panik auswachsen sollte, ist es wichtig, solange in der bedrohlichen Situation zu bleiben, bis die Erregung abklingt und man sich an die Situation gewöhnt hat.

Bevor Frau A. ihren ersten Gang in die Stadt antrat, kam die Frage, was denn geschehe, wenn sie in Ohnmacht falle, so wie damals in Portugal. Wir erkärten ihr, daß, sobald sie das stärkere Herzklopfen und den Druck in der Brust spüre, der Sympathikus die Regie übernommen habe. Die Kraft des Parasympathikus reiche dann in der Regel nicht mehr aus, die Bereitstellungsreaktion abzuschalten und eine Ohnmacht zu produzieren. Da aber, bedingt durch die Hyperventilation, zumindest in sehr geringem Maße die Gefahr einer Ohnmacht besteht, besprachen wir mit der Patientin ihre Ängste, was denn wirklich geschehen könnte, wenn sie in einer Menschenmenge in Ohnmacht fiele. Der Patientin fiel auf diese Frage kein Argument ein, das stark genug war, ihre Entschlossenheit ins Wanken zu bringen.

Rückschläge

Frau A. übte von nun an täglich mindestens eine Stunde lag, allein in der Stadt umherzulaufen. Es gab Tage, an denen sie sich sehr geschwächt fühlte und mit dem Trainung aussetzen wollte. Wir schickten sie dennoch nach draußen, denn nichts wirkt sich nachteiliger aus als ein Rückzug aufgrund der Einschätzung, man sei unpäßlich. Unter Angstpatienten ist häufig der Aberglaube verbreitet, man könne seine Probleme nur angehen, wenn man ›topfit‹ ist. Scheinbar begründetes Vermeidungsverhalten gibt aber den Ängsten neue Nahrung. Damit schleicht sich nämlich durch die Hintertür die Erwartung ein, gerade in einer schwachen Minute wieder eine Angstattacke zu bekommen.

Normale Schwankungen der körperlichen und seelischen Belastbarkeit sollten keinen Anlaß geben, das vorgenommene Übungspensum zu verändern; das Trainingsprogramm sollte täglich und unabhängig von der Befindlichkeit durchgeführt werden. Vielleicht treten während eines Stimmungstiefs Ängste wieder verstärkt auf, aber das ist kein Rückschlag! Jeder Mensch hat gute und schlechte Tage. Der einzige Rückschlag, den es gibt, ist ein Tag ohne Angstbewältigung! Falls man sich doch einmal nicht hinaustraut, sollte man am nächsten Tag mit dem *normalen* Pensum weitermachen. Versuchen Sie auf keinen Fall, »zur Strafe« die Leistung verdoppeln zu wollen!

Auch die Unlust ist eine Art der Vermeidung. Dem »Heute geht es mir so gut, ich brauche nicht zu üben, ich gönne mir etwas Ruhe,« ist der Satz eines bekannten Psychologen entgegenzusetzen: »Die besten Zeiten, schlechte Zeiten vorzubereiten, sind gute Zeiten!« (F. H. Kanfer).

Von den ersten Erfolgen gestärkt und fähig, schon bei leisen körperlichen Streßreaktionen wirkungsvoll die Erregung wieder abzubauen, fing die Patientin wieder an, Auto zu fahren. Selbstverständlich verzichtete Frau A. während der Übungen darauf, ›für den Notfall‹ irgendwelche Beruhigungspillen mit sich zu führen. Wenig später verbrachte sie mit ihrem Sohn einen Nachmittag im Zoo...

Gespräche mit der Familie

Nach ein paar Wochen wurde der Ehemann zu einigen Gesprächen in die Klinik gebeten, um die durch die Gesundung der Patientin eingetretene Situation zu Hause vorzubereiten. Frau A. hatte im Vorfeld schon zu verstehen gegeben, daß sie nicht mehr gewillt war, die gesamte Last der Hausarbeit alleine zu tragen. Der Einwand seinerseits, sie könne doch ihren Beruf aufgeben, an Geld solle es nicht fehlen, stieß bei unserer Patientin auf wenig Begeisterung. Gestählt durch die vielen Gespräche in der Klinik machte ihm dann seine Ehefrau klar, daß es nicht nur um die Menge, sondern auch um die Art der Arbeit ging: »Die Beschäftigung in der Praxis macht mir Freude und gibt mir Selbstbestätigung. Deinen Job würdest du doch auch nie aufgeben.« Schlußendlich gelang es den beiden, sich die Arbeiten im Haushalt aufzuteilen.

Aber es gab noch andere Themen. »Was soll ich denn tun, wenn der ganze Schlamassel wieder von vorne anfängt?« fragte der Mann. »Manchmal werde ich wütend, und dann tut mir meine Frau wieder leid. Aber wie ich mich verhalten soll, weiß ich nicht.« Im Prinzip gilt hier dieselbe Grundregel wie während der Behandlung: Unterstützung und Lob bei jeder Bemühung, sich der Angst zu stellen und aktiv zu sein. Keine Aufgaben übernehmen, die die Betroffenen nicht auch selbst erledigen können! Zur Unterstützung bei Angstbewältigungsübungen zu Hause ist es auch hilfreich, möglichst attraktive Ziele auszusuchen. Etwa: Wenn schon in eine Menschenmenge, dann wenigstens im Rahmen eines Kinobesuches.

Häufig ist es für die Angehörigen nicht einfach, sich an die veränderten Sichtweisen der Gesundeten zu gewöhnen. Eine Therapie bringt neue Verhaltens- und Sichtweisen mit sich, die eine stabilere Zukunft gewährleisten sollen. Zu diesem Zweck sind Partnergespräche häufig eine sehr hilfreiche Möglichkeit, auf einer neuen Ebene Verständnis füreinander zu entwickeln.

Einige abschließende Bemerkungen:

Ungefährliche körperliche Symptome

Wie wir gesehen haben, wurden bei Herrn P. die Panikattacken auf körperlicher Ebene weitgehend über das Zittern der Hyperventilationstetanie eingeleitet. Bei Frau A. wurden die Angstanfälle in erster Linie von Bereitstellungssymptomen wie erhöhter Herzfrequenz, Schwarzwerden vor den Augen, Schweißausbrüche, Druck in der Brust ausgelöst.

Panikanfälle können also mit der beunruhigenden Wahrnehmung *verschiedenster* körperlicher Regungen beginnen.

Aus diesem Grund noch eine Notiz zu zwei Symptomen, die ebenfalls recht häufig zu Angsterkrankungen führen:

Herzaussetzer oder Herzstolpern:

Neben dem Herzrasen sind viele Angstpatienten auch über ›Aussetzer‹ beunruhigt. Herzaussetzer sind, wenn sie von einem Arzt als nicht krankhaft diagnostiziert wurden, auf ein sehr beruhigendes Funktionieren unserer ›Pumpe‹ zurückzuführen.

Unser Herz ist fähig, auch ohne Impulse aus unserem Zentralnervensystem weiterzuschlagen. Das Herz hat also eine Art eigenes Notstromaggregat, das manchmal, insbesondere beim raschen Umschalten von Beschleunigung auf Verlangsamung oder umgekehrt, ›dazwischenfunkt‹. Dies ist eher ein Zeichen guter Herzfunktion, und wird von den meisten Menschen gar nicht wahrgenommen. Nur bei einer schweren organischen Veränderung wie z. B. einer Herzvergrößerung kommen diese ›Extrasystolen‹ so häufig vor, daß eine Behandlung notwendig ist. Aber das hätte jeder Arzt schon längst bemerkt.

Druck und Stechen in der Brust:
Infolge der Notfallreaktion wird die Atmung schneller und die Lungenflügel stellen sich weit. Menschen, die Angst haben, verkrampfen sich, und Menschen, die Angst um ihr Herz haben, richten ihre Aufmerksamkeit verstärkt auf ihren Brustkorb. Dort erleben sie Verspannungen und mögliche Verkrampfungen der Zwischenrippenmuskulatur als lebensbedrohlich, obwohl es sich lediglich um eine natürliche körperliche Begleiterscheinung der Angst handelt. Wenn nun die Brustmuskulatur weiter verspannt bleibt und sich das Fassungsvermögen der Lungen vergrößert, ist es logisch, daß ein innerer Druck entsteht, der zusätzlich verängstigt. Viele Patienten haben dann bei gefüllter Lunge das Gefühl, als sei kein Platz mehr zum Atmen. Das ist auch der Fall, aber nicht, weil sich zuwenig, sondern weil sich zuviel Luft in der Lunge befindet. Häufig beginnen diese Menschen dann, verstärkt nach Sauerstoff zu schnappen. Dadurch vergrößert sich beim Einatmen das Lungenvolumen nochmals, der Brustkorb schmerzt noch mehr, und das Engegefühl wird noch bedrohlicher. Diese ›aufgesetzte Hyperventilation‹ (Frau A. erlebte sie bei ihrem Anfall im Hof der Arztpraxis) erzeugt Muskelschmerzen, die auch noch nach dem Anfall lange anhalten können. Die Muskulatur zwischen den Rippen ist einfach überfordert, wenn man bei gefüllter Lunge ein- und ausatmet! (Margraf und Schneider 1990).

»Günstige« Bedingungen für Angstanfälle

Bei Frau A. hat der körperliche Trainingsmangel dazu geführt, schon das Treppenlaufen als erschreckend zu erleben. Auch die Erwartung, daß gleich etwas Schlimmes passiert, erhöht die Wahrscheinlichkeit, daß der Angstanfall kommt, weil der Patient durch die Erwartung aufgeregter wird und sich gleichzeitig zitternd beobachtet. Durch permanente Belastung kann man vegetativ so leicht erregbar sein, daß die Notfallreaktion nicht ausbleibt. Allerdings erlebt fast jeder Zehnte im Verlauf seines Lebens mindestens eine solche Attacke, ohne eine Behandlung zu benötigen (Wittchen 1986). Es bedarf offensichtlich einer typischen Neigung, körperliche Symptome als lebensbedrohlich zu interpretieren.

Bei Menschen, die diese Angstneigung haben, wird man auch einen niedrigen Blutzuckerspiegel aufgrund eines Ernährungsmangels als Auslöser einer Panikattacke beobachten können. Möglicherweise erleichtern ebenso hormonelle Veränderungen, z. B. vor der Menstruation, das Ansteigen körperlicher Erregung.

Die hier genannten Ursachen sind im Rahmen einer Verhaltenstherapie in den Griff zu kriegen. An dieser Stelle aber nochmals der Hinweis: Bevor Sie zu einem Therapeuten gehen, sollten Sie sich einmal *gründlich ärztlich untersuchen lassen!*

Zwei Arten von Angst

Herr P. hatte eine Art von Angst, Frau A. zwei verschiedene: Äußere Situationen waren der Panik von Herrn P. völlig egal. Seine Angst tauchte nur auf, wenn der Patient den Verdacht hegte, in ihm stimme etwas nicht. Frau A. kannte das auch, aber es gab noch andere Anlässe, die sie in beängstigender Weise erregten und ihr Anlaß gaben, alles, was damit in Verbindung stand, zu vermeiden: Kaufhäuser, Autobahnbrücken und andere äußere Situationen.

Man kann demnach zwei Gruppen von Ängsten unterscheiden. Die eine Angst wird durch die beängstigende Wahrnehmung von Veränderungen im Körper, die zweite durch äußere Situationen heraufbeschworen, die anderen Menschen harmlos erscheinen.

Im Falle von Frau A. haben wir eine Panikstörung (die erste Art) mit Agoraphobie (die zweite Art) betrachtet. Agoraphobien treten auch ohne Panikstörung auf; in diesem Falle kann man in der Regel direkt mit der Veränderung des Vermeidungsverhaltens beginnen.

Die nächsten beiden Störungsbilder sind alleine durch die zweite Gruppe von Ängsten charakterisiert: Die soziale Phobie und die einfache Phobie.

Ich versage bestimmt wieder: die Sozialphobie

Frau S. war arbeitslos, bevor sie eine Therapie machte. Sie blieb nicht zu Hause, weil sie etwa körperliche Gebrechen oder keine Möglichkeiten zu arbeiten hatte. Nein, sie war einfach nicht in der Lage, sich in der Fabrik, fünf Minuten von ihrer Wohnung entfernt, zu bewerben.

Die Patientin lebte mit ihrem Mann seit drei Jahren wieder in ihrem Geburtsort. Die beiden waren dorthin zurückgezogen, um der erwachsenen, damals in Scheidung lebenden Tochter beizustehen, die nicht mehr wußte, wie sie den vierjährigen Sohn durchbringen sollte. Die Ehe unserer Patientin war harmonisch, Frau und Mann unternahmen viel zusammen, und abgesehen von den Nöten der Tochter hätte Frau S. ein recht zufriedenes Leben führen können. Aber ihr fehlte der Ausgleich durch die Arbeit, und sie hatte Angst vor Menschen. Nicht vor allen Menschen, sondern vor ›Höhergestellten‹, vor denen sie sich in letzter Zeit so klein und unfähig fühlte. Die 52 Jahre alte Arbeiterin gab bei der Aufnahme in der Klinik an, nie besonders selbstbewußt gewesen zu sein. Aber daß sie plötzlich Angst vor einem Bewerbungsgespräch habe und sich nicht traue, auf der Bank die Scheckkarte abzuholen, weil ihre Unterschrift so zittrig sei, wäre ihr im Leben noch nicht vorgekommen.

Die Krankheitsgeschichte

Als sich das Ehepaar S. entschloß, wieder ins Heimatdorf zu ziehen, waren die Bedingungen günstig. Der Ehemann, ein Handwerker, hatte ein sehr gutes Angebot von einem örtlichen Betrieb und verdiente soviel mehr, daß unsere Patientin zunächst ohne finanzielle Sorgen der Tochter dabei helfen konnte, wieder auf die Beine zu kommen. Herr und Frau S. wollten sowieso irgendwann zurückkehren, und warum sollte man nicht das Angenehme mit dem Nützlichen verbinden. Wieder daheim, mußte die Patientin feststellen, daß das Maß des Leidens ihrer Tochter bei weitem ihre Vorstellungen überstieg. Sie wußte schon bei der Eheschließung, daß der Schwiegersohn ein Taugenichts war, aber daß er trank, die Tochter prügelte und sämtliches Geld für Freundinnen und Auto ausgab, wäre ihr nicht in den Sinn gekommen. Ihre Tochter hatte ihr auch verheimlicht, daß sie arbeiten gehen mußte, um sich und das Kind zu ernähren. Unsere Patientin litt unermeßlich; die Tochter war tagelang apathisch und hatte eine Psychotherapie begonnen, weil sie sich nicht mehr selbst zu helfen wußte. Der Hausarzt hatte ihr dazu geraten, nachdem sie immer häufiger von Selbstmord sprach. Auch davon wußte die Mutter anfangs nichts. Frau S. war ständig in Aufruhr. Sie half, wo sie nur konnte, und fühlte sich doch so machtlos. Sie machte sich Vorwürfe. Hätte sie doch vor der Heirat stärker ihre Bedenken geäußert! Unsere Partientin stand nach dem Umzug unter Streß wie nie. »Darum fing das auch mit dem Zittern an«, meinte sie später.

Frau S. konnte ihre Hände kaum noch ruhig halten. Wenn sie Suppe aß, verschüttete sie die Hälfte auf dem Weg zum Mund, und ihre Schrift – wie sie glaubte – war unleserlich geworden. Als ihr diese Behinderung zunehmend bewußter wurde, begann der Rückzug. Immer öfter schickte sie ihren Mann zum Gang auf die Ämter. Auswärts essen zu gehen, fand sie plötzlich unnötig und zu teuer. »Wenn ich erst mal arbeite, können wir uns das wieder leisten«, erklärte sie, um die wahren Gründe nicht nennen zu müssen.

Ihrem Ehemann fiel die Veränderung zwar auf, aber er schob sie auf den Streß mit der Tochter. Erst als es dieser besser ging und seine Frau immer noch diese eigenartigen Ausflüchte brachte – eine Arbeit hatte sie sich auch noch nicht gesucht – fing er an, sich zu wundern.

Frau S. schämte sich. Sie traute sich nicht, ihrem Mann von den geheimen Nöten zu erzählen. Tatsächlich war sie nicht mehr so gestreßt wie vor einem Jahr, aber die Angst hatte sie gepackt. Die Angst davor, daß andere über sie lachen oder, noch schlimmer, sie zusammenstauchen könnten. »Guck mal, die kann ihren Löffel gar nicht benutzen.« »Jetzt reißen Sie sich gefälligst zusammen und unterschreiben so, daß man es auch lesen kann!« Immer wieder gingen ihr solche Sätze im Kopf herum. Die Vorstellung, daß es beim Betriebsfest des Mannes Suppe als Vorspeise geben könnte oder sie bei einem Personalleiter ihre Unterschrift unter den Arbeitsvertrag setzen sollte, verursachten ihr blankes Entsetzen. Immer, wenn sie sich derartige Situationen vorstellte, tauchte das Zittern wieder auf, zusammen mit dem Herzklopfen und den schweißnassen Händen.

Irgendwann sprach sie dann doch von ihrer Not, zuerst mit dem Hausarzt (der auch der Tochter geholfen hatte), dann mit ihrem Mann. »Da würden auf Dauer keine Beruhigungsmittel helfen, hat der Doktor gesagt. Er meint, ich solle eine Kur beantragen, ich hätte ja auch genug mitgemacht.« So kam Frau S. zu uns mit dem Ziel, sich wieder angstfrei bewegen zu lernen.

Wie die Beschwerden im einzelnen aussehen

Schauen wir uns anhand des S-R-C-Schemas zunächst wieder systematisch die Angst der Patientin an.

Die Angst (›R‹)

- Körperreaktionen:
Die Angst, ausgelacht oder kritisiert zu werden, steht auch hier in ursächlichem Zusammenhang mit körperlichen Symptomen. Frau S. stellte bei sich in zunehmendem Maße ein Zittern ihrer Hände fest, das auf keine körperlichen Schwächen zurückzuführen war. Häufiger, insbesondere wenn der Gedanke aufblitzte, jemand könne sie beobachten, empfand die Patientin zusätzlich ein starkes und beschleunigtes Herzklopfen. Ein sicheres Zeichen, zu überhaupt nichts mehr fähig zu sein, war für sie, wenn sie zusätzlich zu dem Zittern und dem Herzrasen noch Schweißausbrüche bekam. Die naßgeschwitzten Handinnenflächen steigerten ihre Verunsicherung.

- Gedanken:
Es gab verschiedene Arten von Befürchtungen und Überlegungen, die Frau S. schreckten. Zum einen gab es Selbstgespräche, in denen sie sich selbst abwertete. »Du bist einfach nicht mehr die alte.« »Wenn du noch nicht einmal mehr deine Unterschrift hinkriegst...« »Du bist am Ende, und das mit der Arbeit kannst du sowieso vergessen.« »Ich traue mir nichts mehr zu.«
Dann gab es Gedanken darüber, was wohl die anderen Schlimmes über sie dächten. »Mein Mann wird langsam mißtrauisch und fragt sich, was mit mir los ist. Der denkt vielleicht, ich bin nicht mehr normal.« »Ich kann nicht aufs Betriebsfest. Beim Essen merken alle, daß mit mir etwas nicht stimmt.« »Daß ich zittere und mir nichts mehr zutraue, fällt bestimmt jedem auf, muß jedem auffallen.« »Wenn ich mich bewerbe, denkt der Personalchef, die spinnt doch.«
Andere ängstliche Überlegungen drehten sich um die Zukunft und um die Ansprüche, die sie glaubte, nicht mehr erfüllen zu können: »Wenn ich nicht unterschreiben kann, dann geht bald gar nichts mehr.« »Wie soll das nur weitergehen?« Es dauert nicht mehr lange, und ich gehe gar nicht mehr raus.«
Insgesamt hatte Frau S. die innere Haltung erworben, daß all das, was sie tat, nicht mehr viel wert war. Sie konnte nicht mehr wahrnehmen, daß es immer noch viele Dinge gab, die sie sehr gut beherrschte. Indem sie ihr Zittern verurteilte, war ihre gesamte Selbsteinschätzung von diesem Schatten überdeckt. Die kleinste Kritik bestätigte sie in ihrer Auffassung, daß sie zu nichts Richtigem mehr tauge. Jeder Entschluß, sich vielleicht doch noch zu bewerben, wurde von der Befürchtung, zu versagen und heftig kritisiert oder lächerlich gemacht zu werden, im Keime erstickt.
- Verhalten:
Ihre schlimmste Behinderung bestand in ihrem Rückzug. Sie mied jede Situattion, in der sie erwartete, daß Mitmenschen sich über sie mokieren könnten. Natürlich führte ihre Erwartungsangst auch dazu, daß sie tatsächlich mehr zitterte

und entsprechend schlechter schrieb. Einmal brachte der Briefträger ein Paket, und sie mußte den Empfang bescheinigen. Frau S. wollte irgendeine Ausflucht finden, und unter dem Vorwand, sie hole nur rasch einen Kugelschreiber, Zeit für eine Ausrede gewinnen. Als der Briefträger ihr aber einen Stift unter die Nase hielt, bekam sie einen großen Schreck, zitterte und unterschrieb tatsächlich völlig unbeholfen.

Die auslösenden Situationen (»S«)

Anlaß zu dem grenzenlosen Selbstzweifel der Patientin war das Zittern ihrer Hände. Im Gegensatz zu Herrn P. und Frau A. bereiteten ihr aber die körperlichen Streßsymptome an sich keine Angst. Frau S. war vielleicht etwas besorgt darüber, konnte sich aber gut erklären, warum sie so leicht erregbar war. Bei ihrem großen Kummer war es für sie kein Wunder, seelisch und körperlich am Ende zu sein. Aber daß es nun jeder sehen konnte, machte ihr Probleme. Sie war nie besonders selbstsicher gewesen, hatte es aber bisher gut geschafft, dies zu verbergen. Sie hatte Schwierigkeiten, die es zu überwinden gab, gemeistert und war auch in schlechten Zeiten bemüht, nicht negativ aufzufallen. Wer den Schaden hat, braucht für den Spott nicht zu sorgen«, dachte sie früher ab und zu. Und sie befürchtete insgeheim, daß, wenn sie einmal etwas falsch machte, ihr jeder einen Strick daraus drehen würde. Sie war in der Lage, Schwächen zuzugeben und auch zu sagen, wenn ihr etwas mißfiel; aber nur dann, wenn sie den Zeitpunkt bestimmen konnte und sich in vertrauter Gesellschaft befand.

Jetzt stand es anders: Dieses Zittern beförderte all ihre vermeintliche Unfähigkeit zutage. Sie fühlte sich restlos ausgeliefert und konnte nichts dagegen tun. Frau S. hatte Angst, daß es ihr jetzt an den Kragen ging, daß alle Welt ihre Unsicherheit, Unfähigkeit und Elendiglichkeit schließlich doch entdecken könnte. Und das alles aufgrund des Zitterns ihrer Hände.

Von daher ängstigte sie sich vor allen öffentlichen Anlässen, in denen ihre zittrigen Hände auffallen könnten. Sie konnte das Zittern nicht beherrschen, also mußte sie es durch ihr Fernbleiben verbergen. In erster Linie handelte es sich natürlich um Gelegenheiten, während derer sie vor ›Publikum‹ ihre Hände gebrauchen mußte. Aber im Laufe der Zeit erweiterte sich die Zahl der angstauslösenden Situationen: Selbst wenn sie nach einem Vorstellungsgespräch den Arbeitsvertrag mit nach Hause bekam und dort unterschreiben konnte, so war es doch immerhin möglich, daß der Personalchef am Händedruck oder wenn er auf ihre Hände sah, bemerkte, wie klein und unfähig sie doch war. Die Angst vergrößerte sich auch durch das Ansehen, das jemand in ihren Augen genoß. Den Briefträger kannte sie, vor ihm hatte sie nicht den größten Respekt, aber ein Personalchef oder ein Amtmann schien die Macht zu haben, über sie den Stab zu brechen.

Ihr machte es auch nichts aus, wie viele Menschen ihr Zittern sahen. Vor den Verwandten fürchtete sie keine Blamage. Sie schämte sich vor ganz bestimmten Personen, z. B. der Frau des Chefs bei der Betriebsfeier ihres Mannes.

So lösten schließlich alle Situationen Ängste und Vermeidungsstrategien aus, in denen sie sich nicht sicher sein konnte, daß irgendeine ›Autorität‹ das Zittern und die Nervosität bemerkt. Das Zittern selbst wurde schon durch die Erwartung der Patientin ausgelöst, daß sie wohl gleich zittere. In dieser Beziehung hatte sie sich nicht im Griff. Schon oft hatte sie versucht, sich ›zusammenzureißen‹ und gerade nicht zu zittern, aber das schien ihre Beschwerden noch zu verschlimmern. Mit ›Gewalt‹ waren die Symptome nicht zu beherrschen, das hatte sie oft genug ausprobiert.

Die Konsequenzen (»C«)

Die schlimmste Konsequenz für Frau S. war, daß ihr Selbstvertrauen zunehmend schwand. Es war niederschmetternd für sie, daß sie wegen der Angst nicht in die Fabrik konnte. Sie empfand sich als nutzlos. Die Tochter brauchte sie jetzt weniger, und Frau S. verteilte sich die Hausarbeit über den ganzen Tag, damit sie wenigstens beschäftigt war. Aber das half langfristig auch nichts, und unsere Patientin litt zusehends stärker darunter, nicht arbeiten gehen zu können und wie früher ihr eigenes

Geld zu verdienen. Andererseits waren das Zittern und die Angst vor den Menschen Ausdruck ihrer gesamten Verfassung. Ihr Organismus holte sich die Ruhe, die er brauchte, auch gegen Frau S.' Willen.

Die Ehe litt ebenfalls ein wenig darunter. Der Mann konnte nicht verstehen, warum seine Frau plötzlich mit all diesen Ausflüchten kam. Klar – sie war zutiefst erschüttert über das Pech der Tochter, aber darum das ganze Theater? Sie war ja schließlich auch seine Tochter, doch er zog sich nicht zurück oder schickte andere, um unangenehme Dinge zu erledigen.

Er nahm ihr jetzt alles Schwierige ab und entschuldigte widerwillig ihr Fernbleiben bei Festen im Kreise seiner neuen Kollegen. Frau S. war nicht glücklich darüber, aber kurzfristig war ihr dadurch wenigstens geholfen. Sie atmete jedesmal auf, wenn er etwa sagte: »Na gut, geh ich alleine.« Daß das auf Dauer kein haltbarer Zustand war, war ihr selbst klar.

Noch eine weitere fatale Konsequenz ergab sich durch ihren Rückzug: Der Anspruch, wie toll sie wirken müßte, wenn sie sich nach all der Zeit wieder hinaustrauen würde, wuchs ins Unermeßliche. »Die Kollegen werden sich schon über mich wundern. Wenn ich einmal mitkomme, dann sollten die aber einen sehr guten Eindruck von mir gewinnen.« Je mehr sie sich darum kümmerte, wann sie wohl endlich wieder einen guten Eindruck machen könnte, desto weniger traute sie sich zu. Sie befaßte sich nur damit, was die Leute denken sollten und lähmte sich dadurch nur noch mehr.

Hier nochmals die kurze Zusammenfassung unserer Betrachtung:

S: – Der Gedanke, daß andere, insbesondere ›Höhergestellte‹ ihr Zittern wahrnehmen könnten, verbunden mit der Grundeinstellung, niemand dürfe ihr gewisse Schwächen anmerken
 – Die Einladungen und Verpflichtungen, deren Verlauf außerhalb ihrer Kontrolle liegen
 – Die Erwartung, jeden Moment beginne ihr Zittern

R: Körper: – Zittern der Hände, Schweißausbrüche, verstärkte Wahrnehmung des Herzklopfens
 Gedanken: – Selbstabwertung

	– Befürchtung, von anderen abgewertet zu werden
	– Angst, ihre Wünsche nie mehr erfüllen zu können
	– Einengung auf all das, was sie nicht kann, übermäßige Beschäftigung mit ihrer Angst
Verhalten:	– Rückzug
	– verstärktes Zittern
C:	– schwindendes Selbstvertrauen
	– Arbeitslosigkeit
	– Schonung

Der Behandlungsverlauf

Nachdem wir die Patientin in ihren Ängsten gründlich kennengelernt hatten, legte Frau S. ihre Therapieziele fest.

In diesem Zusammenhang ist zu betonen, daß Änderungsziele immer *positiv* zu formulieren sind. Man kann nicht daraufhin arbeiten, etwas nicht mehr haben zu wollen! Sie können sich selbst davon überzeugen, wie schwer es ist, sich bewußt mit etwas *nicht* zu beschäftigen: Denken Sie doch bitte jetzt einmal *auf keinen Fall* an Zitronensaft!

Mit dem Wunsch, gerne die Angst zu verlieren, ist nicht ausgesagt, was denn den Platz der Angst einnehmen soll. Wir gehen davon aus, daß durch die Erprobung von Verhaltensweisen, die das ängstliche Verhalten ersetzen sollen, auch die Angst zunehmend an Gewicht verliegt. Durch Handlungen verändern sich Einstellungen (vgl. Festinger 1957; Watzlawick, Weakland, Fisch 1984).

Die Patientin hatte den Wunsch, im Beisein von anderen wieder Suppe essen zu können, auf der Bank ihre Scheckkarte zu unterschreiben und sich per Brief an die heimatliche Fabrik um ein Bewerbungsgespräch zu kümmern. Frau S. hatte ursprünglich den Wunsch geäußert, nicht mehr zittern zu wollen. Wie wir uns erinnern, hat Frau S. jedoch die Erfahrung gemacht, daß gerade ihre intensivste Anstrengung, das Symptom zu unterdrücken, in vermehrtes Zittern mündete.

Letzten Endes ging es auch in den Therapien mit Herrn P. und Frau A. nur darum, trotz der Angst Dinge zu tun, die sie vorher vermieden. Natürlich vor dem Erfahrungshintergrund, daß dadurch die Angst an Wichtigkeit verlieren würde.

Die Ziele von Frau S. waren gut gewählt und erschienen uns auch realistisch, zumal die Patientin sich damit zufrieden erklärte, trotz ihres Zitterns Suppe im Beisein Fremder zu essen und trotz ihres Zitterns auf der Bank Formulare zu unterschreiben. Nachdem unsere diesbezüglichen Verhandlungen abgeschlossen waren, machten wir uns gemeinsam daran, in kleinen Schritten den Zielen näherzukommen. Wir hatten schon Frau A. sehr genau darauf vorbereitet und während ihrer Angstbewältigungsübungen nicht gleich ins ›tiefe Wasser‹ geschickt, aber bei Frau S. mußten wir noch gründlicher planen. Schließlich ging es bei ihr darum, es in den beängstigenden Situationen nicht nur auszuhalten, sondern zusätzlich auch noch zu essen oder zu schreiben. Frau S. zu Beginn ihrer Therapie mit der Ehefrau des Betriebsleiters ihres Mannes in ein vornehmes Restaurant zu schicken, hätte bei dieser Patientin eine Katastrophe ausgelöst! Nein, wir mußten uns langsam an immer bedrohlichere Situationen heranarbeiten.

Hierachien

Aus diesem Grunde bildeten wir eine ›Angsthierarchie‹. Dazu wurde zunächst eine Liste von gefürchteten Situationen erstellt. Diese Situationen brachte Frau S. dann unter dem Aspekt ihrer Bedrohlichkeit in eine Rangreihe von 1 (»Löst fast überhaupt keine Angst aus.«) bis 100 (»Das Schlimmste, was mir passieren könnte.«).

Es gibt zwei Grundformen von Angsthierarchien (vgl. Morris 1977, Fliegel u. a. 1981):

1. Die Annäherungshierarchie

    Häufig wird diese Hierarchie aufgestellt, wenn der oder die Betroffene unter einer Angst leidet, die sich mit räumlicher oder zeitlicher Nähe zu ganz bestimmten Dingen verändert. Nehmen wir z. B. die Angst vor Schlangen. Sie wird um so größer, je näher man an diese Geschöpfe herantritt und kleiner, je weiter man sich entfernt. Es gibt aber auch Ängste, die mit der räumlichen oder zeitlichen Nähe von speziellen Objekten abnehmen. Wenn Sie Angst haben, Ihre Wohnung zu verlassen, wissen Sie, wovon ich schreibe: mit jedem Schritt, der weiter von der Haustür wegführt, und mit jeder Sekunde, die man außerhalb des Hauses verbringt, verstärkt sich die Angst. Sie müßten sich jetzt nur noch überlegen, in welchen Situationen Sie länger oder weiter von Ihrem Haus entfernt sind und zu welchen Anlässen Sie nur kurz das Haus verlassen, um diese Beobachtungen dann in eine zunehmend ›ängstigendere‹ Reihenfolge zu bringen. ›Zum Briefkasten am Hoftor‹ etwa könnte weit unten, ›im Supermarkt einkaufen‹ schon ziemlich weit oben seinen Platz in der Annäherungshierarchie finden.

2. Die Objekhierarchie
Objekthierarchien erstellt man sinnvollerweise dann, wenn es verschiedenste Gegenstände (oder Lebewesen) oder verschiedenste Situationen sind, die zunehmend mehr Angst erzeugen.

Falls Sie selbst unter Ängsten leiden, können Sie sich nun einmal überlegen, in welche Art von Hierarchie sich Ihre Probleme besser einordnen ließen: In die ›Annäherungshierarchie‹ oder in die ›Objekthierarchie‹?

Frau S. stellte eine Objekthierarchie auf, denn sie hatte vor den unterschiedlichsten Situationen Angst. Hier ein Ausschnitt aus ihrer Hierarchie (die Zahlen stellen das vorher geschätzte Ausmaß der Angst zwischen 1 und 100 dar):

Die Objekthierarchie unserer Patientin

 1: Alleine im Speisesaal zu Mittag zu essen
10: Mit einer mir bekannten Mitpatientin zum Mittagessen gehen
20: Mit einer mir bekannten und einer unbekannten Mitpatientin zum Mittagessen gehen

---

> 25: In der Schalterhalle der Bank sitzen
> 30: Die Bankangestellte um ein Überweisungsformular bitten
> 35: Mich in der Klinik beim Mittagessen zu einer fremden Frau setzen
> 40: Mich in der Klinik beim Mittagsessen zu mehreren Frauen setzen
> 45: Schreiben, wenn eine befreundete Mitpatientin mir zuschaut
> 50: Schreiben, wenn mehrere befreundete Mitpatientinnen mir zuschauen
> 55: Zu wissen, daß eine darunter ist, die gebildeter ist als ich
> 60: Mich in der Klinik beim Mittagessen alleine zu einer Frau setzen, die sehr gut gekleidet ist
> 65: Im Blickfeld eines Bankangestellten ein Formular ausfüllen
> 80: In einem Restaurant eine Gulaschsuppe essen
> 90: Einen Überweisungsauftrag ausfüllen
> 95: Auf der Bank im Heimatort die Scheckkarte unterschreiben
> 100: Zum Bewerbungsgespräch gehen

Nachdem die Hierarchie für die Patientin stimmig aufgestellt war, vereinbarten wir folgendes: Frau S. sollte in der Reihenfolge ihrer Ziele die sich daraus ergebenden Aufgaben ›abarbeiten‹, d. h. sooft eine Aufgabe wiederholen, bis sie diese ohne größere Bedenken erfüllen konnte. Seit Beginn ihres Aufenthaltes war sie immer schon allein zum Essen in den Speisesaal gegangen, weshalb diese Aufgabe sie zwar noch an die Angst erinnerte, aber kein größeres Problem mehr darstellte. Auch mit einer Bekannten zum Essen zu gehen, schaffte sie nach ein paar Tagen.

Nun kam der erste schwere Schritt, der Besuch einer Bank. Frau S. hatte sich getäuscht! Sich vor der Sparkasse aufzuhalten, empfand sie schon als so beängstigend, daß an das Betreten der Schalterhalle noch nicht zu denken war. Also schoben wir die Übung vor, sich dreimal am Tag eine Viertelstunde vor der Bank aufzuhalten, bis sie dies ohne das Gefühl, flüchten zu müssen, aushielt. Erst dann war das Betreten des Kreditinstitutes an der Reihe.

So steigerte sich der Schwierigkeitsgrad der Übungen über etwa vier Wochen, bis Frau S. zitternd zwar, aber ihre Weglaufphantasien im Zaum haltend, die Gulaschsuppe gegessen und den Überweisungsauftrag am Schalter der hiesigen Bank ausgefüllt hatte. Voller Stolz kam sie am nächsten Tag mit ihrem handschriftlichen Bewerbungsschreiben und einem frankierten Briefumschlag zu uns. Auch die Fahrkarte nach Hause hatte sie schon erstanden, um endlich, nach fast zwei Jahren, ihre Scheckkarte abzuholen. Falls Sie sich fragen sollten, warum für die Patientin das Unterschreiben der Karte schlimmer war als eine ganze Überweisung im Beisein der Bankangestellten auszustellen: Ihre Unterschrift auf der Scheckkarte war später verewigt und jeder hätte abschätzige Kommentare beim Blick auf die zittrig gegengezeichnete Karte abgeben können. In der Tat war die Unterschrift, die sie uns einige Tage später auf ihrer Karte zeigte, leicht verzittert. Aber Frau S. war stolz darauf! Es hatte sich also offensichtlich auch etwas an ihrem früheren Anspruch verändert, wieder makellos schreiben zu müssen.

Gruppentherapie: Veränderung der negativen Selbsteinschätzung

Die in kleinen Schritten ablaufende Annäherung an die gewünschten Ziele erfolgte natürlich nicht im luftleeren Raum. Unsere Patientin nahm zusätzlich zur Einzeltherapie an einer therapeutischen Gruppe teil, die sie in der Erfüllung ihrer Aufgaben bestätigte und auch ihre ungünstigen, selbstschädigenden Einstellungen zu verändern suchte (vgl. Heimberg, Dodge & Becker 1987). Wie wissen von ihrem gesunkenen Selbstvertrauen, den selbstabwertenden Gedanken, der Befürchtung, von anderen abgewertet zu werden und ihrer übermäßigen Beschäftigung mit der Angst und ›Unfähigkeit‹. Die Gruppe war für Frau S. schon nach der ersten Teilnahme eine Hilfe. Sie konnte es kaum fassen, dafür gelobt zu werden, vor wildfremden Menschen von ihren Schwächen zu berichten. Unsere Patientin erlebte den Zuspruch als große Unterstützung.

Von da an bereitete Frau S. besonders belastende Angstbewältigungsübungen in der Gruppe vor. Nehmen wir als Beispiel die Gruppensitzung vor dem Ausfüllen des Überweisungsformulars in Anwesenheit der Bankangestellten (Punktwert 90 in der Hierarchie). Ähnlich wie wir bei Herrn P. die Auseinandersetzung mit dem Chef im Patientenkreis geübt hatten, stellten wir auch für unsere Patientin das gefürchtete Ereignis in der Gruppe nach.

Eine von Frau S. gewählte, etwas streng aussehende Mitpatientin, spielte die Bankangestellte, die anderen Gruppenteilnehmer Bankkunden. Ein Tisch wurde zum Bankschalter umfunktioniert, Stifte und ein ›Formular‹ waren bereitgelegt. Frau S. begab sich in langsamen Schritten zum Tresen, die ›grimmige‹ Angestellte wartete schon darauf, sie vor anderen ›Kunden‹ bloßzustellen. So dachte zumindest unsere Patientin. Wir anderen konnten ihre Gedanken hören, denn sie war vorher angewiesen worden, während ihres schweren Ganges in Richtung Bankschalter all das auszusprechen, was ihr an grauenvollen Phantasien durch den Kopf schoß: »Ich kann das sowieso nicht.« – »Die guckt mich schon so komisch an, ich gehe so unsicher.« – »Gleich muß ich sagen, was ich will und bekomme vor Aufregung kein Wort über die Lippen.« – »Wenn ich gleich zu schreiben beginne, sagt sie bestimmt ganz laut: Das kann ja kein Mensch lesen.« – »Ich kann nicht, ich dreh' mich jetzt um!«...

Sätze dieser Art quälten die arme Frau. Wer könnte da noch schreiben?! Wir brachen das ›Rollenspiel‹ zunächst ab und überlegten in der Gruppe, inwiefern diese Gedanken der Patientin die Zukunft verbauen. »Wenn jemand neben mir herliefe und mir ständig Sätze wie: ›Du kannst das nicht, laß es bleiben!‹ ins Ohr flüsterte, den würde ich ungespitzt in den Boden hauen!« erboste sich ein Gruppenteilnehmer. – »Aber die Gedanken kommen ganz automatisch, ich kann niemanden in den Boden hauen«, erwiderte Frau S.. Sie war der Überzeugung, die Gedanken würden erst dann nicht mehr auftauchen, wenn sie endlich festen Schrittes, mit der Gewißheit, fließend schreiben zu können, souverän auf den Schalter zusteuern könnte. In dieser Überzeugung lag schon ihr erster automatischer Selbstabwertungsgedanke! Übersetzt heißt das nämlich: »Nur wenn ich perfekt wirke, kann mir keiner am Zeug flicken!« Aber woher wußte sie denn, daß ihr jemand an den Kragen wollte? Sie war schließlich keine Hellseherin. Auf die Frage, ob sie denn alle Leute verachtete, die nicht perfekt wirkten, antwortete sie entrüstet: »Nein, natürlich nicht, jeder hat doch seine Schwächen; ich bin anderen gegenüber gar nicht streng!«

Sie wurde sehr nachdenklich, als eine Mitpatientin fragte, ob sie denn glaube, im Gegensatz zu ihr liebten die Mitmenschen nur perfekte Roboter. Und was sie denn von denen hielte, die erbarmungslos auf anderer Leute Schwächen herumtrampeln und darüber spotten ... Wir sprachen lange über die einengenden Folgen der zwei sich automatisch aufdrängenen Gedanken: »Ich muß perfekt sein,« und »Ich bin hilflos Demütigungen ausgeliefert«.

Zur Vorbereitung des zweiten Rollenspiels instruierten wir dann Frau S., sich Gegengedanken einzuprägen unter dem Motto: »Ich kann wirken wie ich will!« – »Niemand ist ohne Macken!« – »Wenn die Bankangestellte böse wird, wehre ich mich!« – »Meine Schrift ist zur Zeit unsicher, aber andere unterschreiben auch unleserlich!« Einige Patienten gaben ihr Ratschläge, wie sie sich gedanklich beruhigen und sichern konnte. Das Rollenspiel wurde wiederholt, indem Frau S. laut die stärkenden Gedanken auf dem Weg zum ›Bankschalter‹ wiederholte. Die Selbstzweifel hatten entsprechend kaum noch Platz aufzutauchen, und Frau S. fand sich im Nu vor dem Schalter. Wir wiederholten diese Übung solange, bis die Patientin sich genug vorbereitet fühlte, auf der richtigen Bank erfolgreich ihre Aufgabe zu erledigen.

Nach etwa eineinhalb Stunden, am Ende der Gruppensitzung, sprachen wir noch einen dritten automatischen Gedankengang an: »Ich kann nicht...«.

Hinter dem ›ich kann nicht‹ steckten bei der Patientin Legionen von Selbstabwertungen. Tatsächlich war Frau S. durch ihre

Leidensgeschichte nur noch in der Lage, ihre schlechten Seiten wahrzunehmen. Wie gut sie ihrer Tochter geholfen hatte, wie gut sie zuhören und andere unterstützen konnte, welchen Spaß ihr die Gartenarbeit bereitete, ihre Vorzüge mußten ihr immer wieder durch die Gruppe verdeutlicht werden.

Frau S. bewältigte mit Bravour die Übung auf der Bank und wurde immer wieder angehalten, sich mehrmals täglich ihre Vorzüge, ihre Interessen, all das, was ihr Freude bereitete, ins Gedächtnis zu rufen. Dies hatte den Sinn, nicht die negativen Gedanken zu verfluchen, sondern immer wieder Positives zu vergegenwärtigen, um der Selbstabwertung den Platz wegzunehmen: Man soll nicht die Dunkelheit beklagen, sondern eine Kerze anzünden...

Mittlerweile arbeitet Frau S. in der Fabrik, einige Minuten Fußweg von zu Hause entfernt. Das Zittern tritt noch ab und zu auf. Na und?!

Wenn man den Umgang mit anderen nie gelernt hat

Frau S. war zwar vor dem Ausbruch ihrer Sozialphobie auch schon unsicher, konnte aber dennoch mit allen Leuten reden und wußte, wie sie ihre Haut im Falle von Vorwürfen verteidigen konnte.

Es gibt aber auch sozialphobische Patienten, die nicht wegen irgendeines übermäßig stark empfundenen ›Fehlers‹ (in unserem Beispiel die negativen Folgen des Zitterns) ängstlich werden, sondern weil sie *nie gelernt* haben, wie man sich beispielsweise auf Ämtern oder in Anwesenheit von Arbeitgebern richtig verhält.

Sie bekommen Angst und ziehen sich zurück, weil sie ständig an den Hürden unbekannter gesellschaftlicher Regeln scheitern. Solche Patienten wären überfordert, würde man ihnen gleich ein Angstbewältigungstraining anbieten. Sie sollten zunächst in einer Therapie lernen, wie man sich im Zusammensein mit anderen selbstsicher verhält, und welche Rechte und Pflichten man hat. Bleiben dann bestimmte soziale Ängste immer noch bestehen, werden diese so behandelt wie im Falle unserer Frau S.

Auch Goethe kannte sie:
die einfache Phobie

»Ein starker Schall war mir zuwider, krankhafte Gegenstände erregten mir Ekel und Abscheu. Besonders aber ängstigte mich ein Schwindel, der mich jedesmal befiel, wenn ich von einer Höhe herunterblickte. Allen diesen Mängeln suchte ich abzuhelfen, und zwar, weil ich keine Zeit verlieren wollte, auf eine etwas heftige Weise. Abends beim Zapfenstreich ging ich neben der Menge Trommeln her, deren gewaltsame Wirbel und Schläge das Herz im Busen hätten zersprengen mögen. Ich erstieg ganz allein den höchsten Gipfel des Münsterturms und saß in dem sogenannten Hals, unter dem Knopf oder der Krone, wie man's nennt, wohl eine viertel Stunde lang, bis ich es wagte, wieder heraus in die freie Luft zu treten, wo man auf einer Platte, die kaum eine Elle ins Gevierte haben wird, ohne sich sonderlich anhalten zu können, stehend das unendliche Land vor sich sieht, in dessen die nächsten Umgebungen und Zieraten die Kirche und alles, worauf und worüber man steht, verberge. Es ist völlig, als wenn man sich auf einer Mongolfiere in Luft erhoben sähe. Dergleichen Angst und Qual wiederholte ich so oft, bis der Eindruck mir ganz gleichgültig ward, und ich habe nachher bei Bergreisen und geologischen Studien, bei großen Bauten, wo ich mit den Zimmerleuten um die Wette über die freiliegenden Balken und über die Gesimse des Gebäudes herlief, ja in Rom, wo man eben der gleiche Wagstücke ausüben muß, um bedeutende Kunstwerke näher zu sehen, von jenen Vorübungen großen Vorteil bezogen. Die Anatomie war mir auch deshalb doppelt wert, weil sie mich den widerwärtigsten Anblick ertragen lehrte, indem sie meine Wissbegierde befriedigte. Und so besuchte ich das Klinikum des älteren Doktor Ehrmann sowie die Lektionen der Entbindungskunst seines Sohnes, in der doppelten Absicht, alle Zustände kennenzulernen und mich von aller Aprähension gegen widerwärtige Dinge zu befreien. Ich habe es auch wirklich darin soweit gebracht, daß nichts dergleichen mich jemals wieder aus der Fassung setzen konnte.

Aber nicht allein gegen diese sinnlichen Eindrücke, sondern auch gegen die Anfechtungen der Einbildungskraft suchte ich mich zu stählen. Die ahndungs- und schauervollen Eindrücke der Finsternis, der Kirchhöfe, einsamer Örter, nächtlicher Kirchen und Kapellen, und was hiermit verwandt sein mag, wußte ich mir ebenfalls gleichgültig zu machen; und auch darin brachte ich es soweit, daß mir Tag und Nacht und jedes Lokal völlig gleich war, ja daß, als in später Zeit mich die Lust ankam, wieder einmal in solcher Umgebung die angenehmsten Schauer der Jugend zu fühlen, ich diese mir kaum durch die seltsamsten und fürchterlichsten Bilder, die ich hervorrief, wieder einigermaßen erzwingen konnte.« (Goethe, ›Dichtung und Wahrheit‹).

Sehr viele Leser werden nach der Lektüre dieser Einleitung eine Seelenverwandtschaft mit dem großen Dichter empfinden. Die Höhenphobie Goethes gehört mit vielen anderen Ängsten vor den verschiedensten Erscheinungen, die uns in unserer natürlichen Umwelt begegnen können, zur Gruppe der einfachen Phobien.

Die einfache Phobie besteht in einer anhaltenden Angst vor einer bestimmten Situation oder einem bestimmten Objekt. Und selbstverständlich der Anstrengung, dieser vermeintlichen Bedrohung aus dem Wege zu gehen! Im Gegensatz zur Agoraphobie und der sozialen Phobie fürchten ›einfache Phobiker‹ nicht die Konsequenzen, die sich aus der bedrohlichen Situation ergeben könnten. Frau A. hatte Angst, wahnsinnig zu werden oder zu sterben, Frau S. fürchtete, ausgelacht oder beschimpft zu werden. Goethe fürchtete sich nicht, vom Straßburger Münster zu fallen, er hatte nur Angst vor der Höhe – nichts weiter. Auch die Mäusephobie besteht lediglich in der Tatsache, Mäuse bedrohlich zu finden, und nicht etwa in der Angst, zu sterben, wenn die Maus am Fußzeh knabbert.

Etwa jeder Zehnte (Myers u. a. 1984, zit. n. Margraf 1990) richtet sich sein Leben so ein, daß er mit einer bestimmten Situation (beispielsweise Höhen oder engen Räumen) oder einem bestimmten Objekt (Schlangen oder Mäusen) nicht in Berührung kommt. In der Regel gelingt auch die Vermeidung dieser Bedrohungen, und es besteht kein Anlaß, einen Therapeuten aufzusuchen. Nur 9 von 1000 Personen verlangen nach Hilfe! (Agrus u. a. 1969).

Wie bei der Behandlung der bisher dargestellten Angsterkrankungen kommt es auch hier darauf an, vor dem beängstigenden ›Ding‹ nicht zu flüchten. Es gilt, der Bedrohung standzuhalten und zu warten, bis eine gewisse Gewöhnung (›Habituation‹) eintritt. Das kann man, je nach Angstquelle, auf verschiedene Arten bewerkstelligen:

Exkurs: Die Konfrontation

Man kann zunächst Hierarchien bilden: Eine Freundin mit der riesigen Angst vor Schlangen mußte beruflich in ländliche Gegenden Südamerikas. Bisher konnte sie ihre Auslandsaufenthalte immer so einrichten, daß sie sicher war, keiner Schlange zu begegnen. Nun aber war sie ›dran‹! Glücklicherweise aber kannte sie einen therapeutisch geschulten Schlangenliebhaber, der auch ein entsprechendes Sortiment dieser Kriechtiere in seinem Wohnzimmer beherbergte. Da sich die Bekannte wohl oder übel dazu entschließen mußte, ihrer Schlangenphobie ein Ende zu bereiten, verabredete sie sich mit dem in ihren Augen völlig verrückten Zeitgenossen.

Die Selbsttherapie mit Hilfe des Schlangenfreundes verlief zügig und glatt. Schon nach einer Woche ließ sie eine Riesenschlange auf sich herumkriechen. Beim ersten Treffen schaute sie sich die Schlangen aus der Ferne so lange an, bis ihr Herzklopfen nachließ und sie sich anhand von Photobänden alles über die zunehmend interessant und schön wirkenden Tiere erzählen lassen konnte. Am nächsten Abend betrachtete sie die Schlangen im großen Wohnzimmerterrarium schon genauer und stellte Fragen. Nach einer Stunde konnte sie es aushalten, daß ihr ›Therapeut‹ eine kleine Schlange aus dem Glasbehälter nahm. Immer näher traute sie sich an die Tiere, fing an, sie zu berühren und am fünften Tag selbst in die Hand zu nehmen oder wie eine Kette um den Hals zu legen...

Diese Art der langsamen Annäherung an die Bedrohung muß durch das Aufstellen einer Angsthierarchie vorbereitet sein und ist dann in der Regel ein sehr erfolgreiches Rezept gegen die Phobie. Auch Goethe hätte sich nicht unbedingt gleich auf das Straßburger Münster stellen müssen. Es wäre auch erfolgreich gewesen, wenn er sich Meter um Meter weiter hinauf gewagt hätte.

Man kann sich also je nach Geschmack langsam an die höchste Form der Bedrohung herantasten oder sich direkt hineinbegeben. Wichtig ist nur eins: Wenn man sich eine Angstbewältigungsübung vorgenommen hat, sollte man diese auch durchführen und nicht kurz vorher wieder abspringen. Jede Flucht gibt der Angst recht und bestätigt die Einschätzung, daß man sich nur auf altbekanntem Boden gut fühlen kann. Die Erfahrung, in Anwesenheit von Schlangen anregende Gespräche über diese Tiere zu führen, hätte unsere Freundin nach erfolgreichen Fluchtversuchen nicht machen können.

Sicheren Boden kann man sich erobern! Falls eine Angstbewältigungsübung so schlimm werden sollte, daß der Gedanken »bloß weg hier« keine anderen Überlegungen mehr zuläßt, ist es erlaubt, eine kurze Ruhepause einzulegen. Aber man sollte keinesfalls den Versuch beim ersten Mal abbrechen!

Phobien werden dadurch aufrechterhalten, daß die ängstliche Erregung mit Flucht und nicht durch Gewöhnung endet. Häufig tragen Angehörige, Freunde und Medikamente zusätzlich dazu bei, daß die Erfahrung, sich im Augenblick der Erregung zu beruhigen, nicht gemacht werden kann.

Die Krankheitsgeschichte

Frau E. beispielsweise hatte seit ihrer Kindheit Angst vor Gewittern. Die 58jährige Patientin traute sich zum Zeitpunkt der Klinikaufnahme nicht mehr aus dem Haus, sobald auch nur die kleinste Wolke am Himmel sichtbar wurde. Nicht, daß sie Angst gehabt hätte, ein Blitz könnte sie töten oder der Sturm das Haus verwüsten, nein, sie fürchtete sich vor dem Gewitter an sich.

Jeden Morgen, nachdem ihr Mann das Haus verlassen hatte, hörte sie im Radio den Wetterbericht. Der Tag war verdorben, sobald eine stärkere Wolkenbildung angekündigt wurde. Frau E. bekam Kopf- und Bauchschmerzen, einen Druck in der Brust und Schweißausbrüche. Mit trockenem Mund rief sie ihren Mann an, um sich zu versichern, daß er auch wirklich kommen würde, sobald sich ein Gewitter zusammenbraute.

Wenn sich dunkle Wolken zeigten, ließ sie alle Rolläden herunter und setzte sich in die Küche, zitternd vor Angst. Wurde dieser Zustand unerträglich, flüchtete die Hausfrau zur Nachbarin oder stellte sich mit Medikamenten ruhig. Während der Schlechtwetterperioden war sie nicht in der Lage, den Hund auszuführen. In solchen Zeiten brauchte die Patientin die Anwesenheit anderer, um sich wenigstens einigermaßen beruhigen zu können. Sie hatte nie die Erfahrung gemacht, alleine und ohne medikamentöse Unterstützung die Panik zu bestehen.

Wie die Beschwerden im einzelnen aussehen

Schauen wir uns Frau E.'s Probleme wieder systematisch anhand des S-R-C-Schemas an:

Die Beschwerden (›R‹)

– Körper
  Frau E. erlebte eine sehr heftige Bereitstellungsreaktion mit vielfältigsten körperlichen Symptomen (Kopfschmerzen aufgrund starker Verspannungen der Schulter-Nackenmuskulatur, Bauchschmerzen, Druck- und Engegefühl in der Brust, Schweißausbrüche, trockener Mund und Zittern.
– Gedanken
  Zunächst kreiste Frau E. nur eine unbeantwortete Fragen im Kopf: »Um Gottes Willen, was wird jetzt passieren?« Natürlich konnten mögliche Antworten nur unbestimmte, katastrophale, einschüchternde Folgen voraussagen. Die Patientin traute sich aber gar nicht, konsequent zu überle-

gen, was sich tatsächlich Schlimmes während eines Gewitters ereignen könnte, denn ihr nächster Gedanke galt der Flucht zur Nachbarin, zum Telefongespräch mit dem Ehemann, zu Medikamenten, die sie immer griffbereit hatte, und der Verbarrikadierung des Wohnhauses. Nie erwog Frau E. die Möglichkeit, sich der ›Gefahr‹ zu stellen.
Manchmal tauchte auch noch eine dunkle Erinnerung auf: Das Erlebnis, als 10-jährige mit ihrer Mutter während eines Gewitters auf einem Acker unterwegs gewesen zu sein. Es herrschte Krieg, und vielleicht – die Patientin vermochte es nicht zu sagen – verband sich damals das Grollen des Gewitters untrennbar mit der Todesangst vor den alliierten Bombern. Unter diesem Gesichtspunkt wird natürlich die Flucht vor der Gefahr aus dem Himmel als einzig richtige und gesunde Handlung verständlich!
– Verhalten
Unsere Patientin tat alles in ihrer Kraft stehende, um sich zu beruhigen, suchte Zuflucht bei der Nachbarin, Trost bei ihrem Mann, nahm starke Beruhigungsmittel ein, sicherte das Haus und zog sich in die verbarrikadierte Küche zurück.

Die auslösenden Situationen (›S‹)

Die Patientin fühlte sich nur bei strahlend blauem Himmel richtig wohl. Jede kleinste Wolkenbildung löste eine ängstliche Erregung aus, die sich mit zunehmender Eintrübung steigerte. Aber selbst bei klarem Wetter konnte sie eine ungünstige Wetterprognose in Aufruhr versetzen. Lediglich an Wochenenden, im Beisein ihres Mannes, machte sich Frau E. grundsätzlich weniger Sorgen und konnte sogar auf den Wetterbericht verzichten.

Die Konsequenzen (›C‹)

Die Patientin war sehr einsam, bevor sie sich zu einer Behandlung entschloß. Sie hatte nur noch Kontakt zu einer Nachbarin, zum Ehemann und manchmal zur Tochter, die aber weiter entfernt mit ihrer eigenen Familie lebte. Frau E. hatte keine

Freundschaften in dem Dorf, an dessen Rand sie lebte. Vor 10 Jahren, als das Ehepaar noch in der Stadt wohnte, war die Patientin sehr gesellig gewesen, hatte Freundinnen und arbeitete halbtags in einem Alterheim. Nach dem Umzug in das Einfamilienhaus am Rand einer kleinen Ortschaft verschlimmerte sich die Gewitterangst und mit ihr die Einsamkeit.

Frau E. mußte nämlich, um ins Dorf zu gelangen, über einen Feldweg laufen. Es gab keine Stadthäuser mit ihren schützenden Hauseingängen mehr. Ihr war es nie gelungen, Kontakt zu knüpfen, regelmäßig Verabredungen zu treffen, denn es war ja möglich, daß sie ein Gewitter beim Spaziergang in die Ortschaft überraschen könnte ...

Eine körperliche Abhängigkeit von Medikamenten hatte sie überwunden, jedoch war der Griff zu weniger gefährlichen angstlösenden Tabletten weiterhin ein trauriger Ausdruck ihrer Hoffnungslosigkeit. Den einzigen Trost in der hoffnungslosen Lage fand Frau E. in der Tatsache, daß sie auf die Treue und fürsorgliche Unterstützung ihres Mannes und der Nachbarin bauen konnte. Aus finanziellen Gründen schien ihr geheimer Wunsch nach der Rückkehr in die Stadt nicht erfüllbar.

Hier noch einmal die Zusammenfassung unserer Erkenntnisse:
S: – Wolkenbildung
– Ankündigung des Wetterberichtes, daß ein Gewitter droht
R: Körperlich: – Kopf- und Bauchschmerzen
– Schweißausbrüche
– Engegefühl in der Brust
– trockener Mund
– Zittern
Gedanken: – unbestimmte Besorgnis
– Überlegungen, sich von Ehemann, Nachbarin oder Medikamenten beruhigen zu lassen
– Erinnerungen an das Gewitter während des Krieges
Verhalten: – mit dem Ehemann telefonieren
– zu der Nachbarin flüchten

- das Haus absichern
- Medikamenteneinnahme und Rückzug in die Küche
C: - Einsamkeit
- Verunsicherung
- Medikamentenabhängigkeit
- Sicherheit, daß ihr Mann bei jedem ›Notfall‹ zur Verfügung steht

Der Behandlungsverlauf

Frau E. stand fast jeden Tag unter Spannung, denn schon die Wahrnehmung kleiner Wetterveränderungen verursachte körperliche Streßreaktionen. Aus diesem Grunde nahm sie früher auch häufig ›Tranquilizer‹ (Medikamente zur Beruhigung) ein, weil sie sich durch deren Wirkung wenigstens ruhiggestellt fühlte und manche Wolkenbildung leichter nahm. Um ihr ein Mittel an die Hand zu geben, die große Nervosität abzubauen, erlernte sie während des Klinikaufenthaltes eine Entspannungsmethode. Wir wollten damit erreichen, daß die Patientin die Erfahrung machte, auch ohne medikamentöse Hilfe ruhiger zu werden. Doch das Erlernen des Entspannungstainings erfüllte noch einen weiteren Zweck, nämlich den der Vorbereitung auf die ›systematische Desensibilisierung‹.

Die ›systematische Desensibilisierung‹

Da wir für Frau E. natürlich nicht nach Belieben Wolkenbildungen oder gar Gewitter erzeugen konnten, um Angstbewältigungsübungen durchzuführen, bedienten wir uns der ›systematischen Desensibilisierung‹ (Wolpe 1958). Hierbei handelt es sich um ein Verfahren, bei dem man sich *im Zustand tiefer Entspannung* wiederum mit Hilfe einer Angsthierarchie langsam in der Phantasie den schlimmsten Situationen nähert.

In einer fortgeschrittenen Übung beispielsweise stellte sich Frau E. während ihrer Entspannung ganz plastisch vor, sie stünde auf dem freien Feld zwischen ihrem Wohnhaus und dem

Dorf, der Himmel pechschwarz, völlige Windstille und in der Ferne Wetterleuchten und dumpfe Schläge.

Wie wir wissen, kann man im Zustand höchster Erregung kaum einen vernünftigen Gedanken fassen. Mit Hilfe der Entspannung jedoch gelang es Frau E., die Angst im Zaum zu halten. Der Teufelskreis aus hilflosen, panischen Gedankengängen, körperlicher Erregung, noch kopfloseren Phantasien oder Handlungen, und dadurch sich aufschaukelnder Bereitstellungsreaktion blieb während der systematischen Desensibilisierung aus. Dadurch gelang es der Patientin, die vermeintliche Bedrohung mit neuen Augen zu sehen.

Die Erfahrung, ein vollständiges Gewitter von der ersten Wolke bis zum Aufklaren des Himmels ohne Angst und Fluchtversuche zu erleben, weckte bei Frau E. die Zuversicht, auch ein ›richtiges‹ Unwetter ohne katastrophale Folgen durchzustehen.

Übungen im Freien

Durch die systematische Desensibilisierung war der Weg für weitergehende Übungen geebnet. Frau E. fühlte sich fähig, mehrmals täglich alleine spazieren zu gehen, egal wie es am Himmel aussah oder was der Wetterfrosch vorhergesagt hatte. Natürlich war ihr immer noch nicht wohl bei dem Gedanken, auf dem offenen Feld von dunklen Wolken überrascht zu werden. Ihr erklärtes Therapieziel war aber, sich unabhängig von der Witterung wieder hinauszutrauen. Also legten wir immer schon am Vortag fest, zu welcher Uhrzeit und wie lange sie während der nächsten 24 Stunden alleine in den Feldern und Weinbergen spazieren gehen würde. Dadurch mußte sie mit der Unsicherheit leben lernen, jederzeit in schlechtes Wetter zu geraten.

Die Patientin machte sich bei den Spaziergängen immer weniger Gedanken über Fluchtmöglichkeiten. Sie nahm einen Regenschirm mit und keine Beruhigungstabletten! Wir vermuten, daß sich die lange bestehende, unheilvolle Verknüpfung von Kriegsängsten, Gewitterbildung und extremer Wahrnehmung körperlicher Erregung gelockert hat. Mit beinahe jedem

Übungstag, es gab natürlich auch Rückschläge, konnte Frau E. die Landschaft und die Farbschattierungen des Himmels unbeschwerter begutachten.

Vorbereitungen auf zu Hause

Frau E. war eine sehr beliebte Patientin und befand sich während ihres Klinkaufenthaltes häufig in Gesellschaft. Sie hatte dementsprechend auch – genau wie früher – als sie noch in der Stadt wohnte – weniger Zeit, sich um ihre Befürchtungen und ängstlichen Beobachtungen zu kümmern. Sie sehnte sich danach, auch zu Hause mehr Ablenkung zu haben und bemühte sich schon von der Klinik aus um eine Halbtagsstelle in einem Pflegeheim sowie um die Teilnahme an einem Gymnastikkurs an der örtlichen Volkshochschule. Frau E. war fest entschlossen, ihrem Leben wieder einen neuen Sinn zu geben und trotz der abseitigen Lage des Wohnhauses regelmäßig am Dorfleben teilzunehmen.

Auch den Ehemann bezogen wir in Gespräche über die Zukunftsplanung ein. Frau E. erklärte ihm, daß jeder Rückzug angesichts eines Gewitters ihrer Angst neue Kräfte verleiht. Sie bat ihren Mann, sie dabei zu unterstützen, sich nicht einzuigeln oder Medikamente zu schlucken. Und gab ihm zu verstehen, daß er nicht böse sein sollte, wenn sie von nun an nicht mehr so oft anrufen würde ...

Gefahren lauern überall:
die generalisierte Angststörung

Das Leben ist lebensgefährlich, und Menschen können sehr grausam sein. Jeder Mitteleuropäer ist sich dieser Tatsache bewußt und lebt doch so, als seien mögliche Gefahren für ihn ziemlich belanglos.

Wenn uns heute nichts zugestoßen ist, so kann das morgen schon anders sein, und falls wir in der Vergangenheit im Kreis der Familie oder Kollegen beliebt waren, ist doch ein Gerücht in der Lage, über Nacht unseren Ruf zu schädigen und uns zu Außenseitern zu stempeln. Wenn Krankheit, Unfall, Tod oder Verschuldung nicht uns selbst treffen, so könnten doch zumindest genau in dieser Sekunde liebe Partner, Freunde und Verwandte vom Schicksal geschlagen werden. Immer kann etwas Schlimmes geschehen, und nie gibt es eine hundertprozentige Absicherung. Wenn Sie sich in diese Vorstellungswelt, gegen deren Wahrheitsgehalt nichts einzuwenden ist, hineinversetzen, verstehen Sie möglicherweise die Ängste, unter denen Frau G. litt.

Wie die Beschwerden im einzelnen aussehen

Frau G. war 56 Jahre alt, verheiratet, die Kinder schon erwachsen und aus dem Hause. Seit über 30 Jahren hatte die Patientin Angst. Sie war zeitlebens voll von Anspannung und von dem Gefühl, gleich müsse etwas Verhängnisvolles geschehen. Manchmal verebbte diese Ahnung, verschwand jedoch nie lange genug, um Hoffnung auf ein unbeschwertes Leben zu geben. Frau G. hatte nie eine Möglichkeit gefunden, mit dem Gefühl ständiger Bedrohung umzugehen. Eine Flut von Angst konnte sie immer und überall erreichen, und die Patientin wußte nie, was ihre Angst und Anspannung hatte wachsen lassen. Im Gegensatz zu den vorher behandelten Phobien gab es keinen klaren Auslöser für die Angst. Sie war fast immer anwesend, mal stärker, mal schwächer ausgeprägt.

Frau G. machte sich ständig Sorgen. Früher bangte sie um die Kinder, heute um die Gesundheit des Mannes. Immer und immer wieder spielten sich Szenen von Unfällen, in die der Ehemann verwickelt sein könnte, vor ihrem geistigen Auge ab. Wenn die Vorstellungen ganz extrem wurden, rannte sie auf die Straße und lief umher, nur um Menschen zu sehen und sich nicht alleine zu fühlen. Manchmal traute sie sich aber auch nicht aus dem Haus, weil sie so stark zitterte und mit den Zähnen klapperte, daß sie fürchtete, von den Leuten für verrückt gehalten zu werden.

Natürlich sorgte sie sich auch um ihre eigene Gesundheit. »Was wird aus meinem Mann und den Kindern, wenn ich verrückt werde?« grübelte sie, ohne jemals eine beruhigende Antwort finden zu können. Tröstende Gedanken halfen nur für kurze Zeit, dann kam wieder die Nervosität, der trockene Mund, das Zittern und Herzklopfen; Anlaß für erneute Katastrophengedanken und Überlegungen, was wohl zu tun wäre, wenn...

Ihrem Mann erzählte sie selten genauer, was sie bewegte. Er spürte nur an ihrem Zittern, ihrer Vergeßlichkeit und den Konzentrationsstörungen, daß etwas nicht stimmte. In seiner Anwesenheit ging es ihr auch leidlich besser, und er war an ihre Probleme gewöhnt. »Ich sagte mir immer, das gehört nun mal zu ihr«, meinte er in einem Gespräch in der Klinik. »Wenn ihr Zustand extrem wurde, ging sie zum Arzt, der verschrieb ihr dann Medikamente zur Beruhigung.«

Ihre Angst, wegen der Arzneimittel Schäden davonzutragen, veranlaßte Frau G., eine Therapie zu machen.

In der Darstellung der generalisierten Angststörung am Beispiel von Frau G. werden wir auf das S-R-C-Schema verzichten. Bei einer so vielschichtigen und nahezu lebenslänglichen Beeinträchtigung würrde es den Rahmen dieses Buches sprengen, unsere Überlegungen zur Störung von Frau G. ausführlich wiederzugeben. Stattdessen wird im folgenden die Gemeinsamkeit aller Ausprägungen des generalisierten Angstsyndroms aufgezeigt und ein Einblick in die therapeutischen Möglichkeiten gegeben.

Wie alle Patienten mit einer generalisierten Angststörung erlebte sich auch Frau G. andauernd getrieben von Erregung, Anspannung und Phantasien, daß irgend etwas Verhängnisvolles geschehen könnte. Diese Angstzustände sind weniger intensiv als die uns mittlerweile bekannten Panikattacken, jedoch länger andauernd. Es gibt auch keine auslösenden Situationen; die Angst scheint an- und abzuschwellen, ohne daß ein Anlaß dafür zu entdecken ist. Einzig in Anwesenheit ihres Mannes verringerte sich die innere Anspannung der Patientin. Während seiner Abwesenheit aber erschien es Frau G. eher zufällig, ob die Angst ihr Leben gerade schwächer oder stärker beherrschte; Grund zur Sorge gab es in ihrer Weltsicht immer.

Die Körperreaktionen solcher Patienten sind geprägt von hohen vegetativen Erregungszuständen. Man könnte sagen, daß Patienten mit einer generalisierten Angststörung immer mehr oder weniger nervös sind. Herzklopfen, Muskelzittern, vermehrtes Schwitzen, ein trockener Mund oder die Neigung zu Durchfällen sind wiederkehrende Zeichen dieser Beeinträchtigung.

Häufig können diese ständig erhöhten körperlichen Erregungszustände psychosomatische Erkrankungen wie Spannungskopfschmerz, Migräne, Schlafstörungen, Asthma oder entzündliche Darmerkrankungen (›Colitis ulcerosa‹) zur Folge haben (Deffenbacher und Suinn 1987). Frau G. war glücklicherweise bisher von solchen negativen Folgen verschont geblieben.

Durch die andauernde körperliche Anspannung der Patienten werden immer wieder die Gedankengänge in Richtung ängstlicher Vorstellungen geleitet. Aber auch in ruhigen Phasen sind die Opfer dieser Störung leicht ablenkbar und können sich schlecht konzentrieren. Wenn die innere Spannung zunimmt, überkommen diese Menschen Katastrophengedanken, und sie sinnen darüber nach, was wohl gerade Entsetzliches passiert sein könnte oder in der Zukunft geschehen würde. Die Betroffenen wissen nicht, welche Kräfte sie immer wieder auf solche zerstörerischen Ideen bringen und können deshalb nicht, wie bei der Agoraphobie, die Quelle der Angst (z. B. einen Aufenthalt im Kaufhaus) durch Rückzug vermeiden. Einzig Medikamente scheinen zu helfen, aber die können Nebenwirkungen haben: erneut ein Anlaß zur Sorge!

Frau G. erlebte sich immer wieder hilflos ausgeliefert, unsicher und zweifelnd. Um den sich aufschaukelnden Teufelskreis von körperlicher Erregung und Katastrophengedanken zu unterbrechen, bleibt den Unglücklichen nur, so lange zu grübeln und Selbstgespräche zu führen, bis ein Licht am dunklen Horizont erscheint.

Sie suchen im Geiste Lösungen für Probleme, die in ihrem Geiste entstehen. Der Lohn für eine gefundene, natürlich nur vorläufige Lösung ist ein deutlich spürbares Aufatmen. Die körperliche Anspannung läßt nach. Dadurch werden das Grübeln und zweifelnde Suchen zu den alleinigen Mitteln, sich etwas Erleichterung zu verschaffen. Sich zu sorgen, scheint vor noch größerem Leid zu schützen, und immer stärker setzt sich die Einstellung durch: »Ich muß mich ständig sorgen, sonst passiert noch etwas Schlimmes!«

Daß die Fähigkeit nachläßt, den Alltag zufriedenstellend zu gestalten, wenn man jahrelang über letztlich unlösbare Probleme nachdenkt, bedarf wohl keiner weiteren Erklärung! Frau G. lief häufig, während sie ihre bangen Selbstgespräche führte, wie getrieben umher, unfähig, einen klaren Gedanken zu fassen, geschweige denn ihr Tagewerk zu erfüllen. Sie fühlte sich hilflos ihren inneren Spannungen und Sorgen ausgeliefert. Weglaufen, flüchten war zwecklos, die Bedrohung keimte in ihrem Inneren.

Therapeutische Möglichkeiten

Entspannung

Wenn man davon ausgeht, daß die ständige Nervosität körperliche Antriebsfeder und Nährboden für Sorgen, Katastrophengedanken und grauenvolle Visionen ist, so erscheint es nur sinnvoll, genau an den körperlichen Prozessen mit der Therapie anzusetzen.

Entspannungstrainings sind gut geeignet, die erhöhte vegetative Aktivität wieder auf ein normales Maß zu senken. Auch Frau G. nahm regelmäßig an einem Entspannungstraining teil und übte mindestens dreimal pro Tag etwa eine Viertelstunde alleine für sich. Zunächst spürte sie nur gegen Ende der Übungen eine leichte Entspannung, nach einigen Wochen jedoch führte unsere Patientin ihre größere »innere Ruhe« auch auf die wohltuenden und langandauernden Effekte des Muskelentspannungstrainings zurück.

Natürlich hat die Abnahme der Erregung auch zur Folge, daß den Sorgen und Katastrophengedanken zunehmend die körperliche Grundlage entzogen wird. Und damit stellen sich auch — zwar zögerlich, jedoch deutlich wahrnehmbar — wieder klarere, ungestörte Gedankengänge ein.

Frau G. machte sich weniger Sorgen und war dadurch auch weniger ablenkbar. Die damit einhergehende verbesserte Konzentrationsfähigkeit machten wir uns zunutze. Bisher lebte die Patientin in einer Geisteswelt, die ständig Anlaß zur Sorge gab. Durch die nun wenigstens zeitweise erreichte größere innere Ruhe war Frau G. fähig, Unterschiede festzustellen. Unterschiede zwischen sorgenvollen und sorgenfreien Zuständen, und damit hatte unsere Patientin zwei wichtige Ziele erreicht:

Zum einen hatte sie durch die Erfahrung, über Entspannung selbst die Angst reduzieren zu können, an Selbstsicherheit und Zuversicht gewonnen. (Wir erinnern uns: bisher war nur durch angstvolles Grübeln eine Abschwächung der vermeintlichen Bedrohungen erreicht worden; eine Vorgehensweise, die gewiß nicht geeignet ist, sich selbstsicher zu fühlen.)

Zum anderen war die Patientin jetzt in der Lage, den Beginn ihrer Angst genauer wahrzunehmen. Sie hatte dadurch die Chance, schon beim geringsten Zeichen von Nervosität oder banger Gedanken Entspannungsübungen anzuwenden, um ein Aufschaukeln der inneren Wallungen zu verhindern.

Erregungsprotokolle

Nun klingt das wesentlich einfacher als es tatsächlich ist: »Beim geringsten Zeichen von Erregung Entspannungsübungen einsetzen!« Man ist nicht darauf getrimmt, körperliche und gedankliche Aspekte von Gefühlen und Stimmungen fein säuberlich getrennt voneinander zu beobachten. Wenn Sie wütend sind oder sich vor etwas fürchten, würde es Ihnen bestimmt sehr schwerfallen zu beurteilen, ob sich die Gefühlsregung zuerst durch Herzklopfen oder durch Zittern bemerkbar macht, und welche Gedanken besonders heftige Regungen auslösen. Man hat einfach keine Zeit, sich selbst zu beobachten, wenn man sehr aufgeregt ist.

Lebt man wie Frau G. jahrzehntelang mehr oder weniger in Angst, dann sind die Katastrophenphantasien und die vegetativen Körperreaktionen so eng miteinander verwoben, daß deren getrennte Beobachtung zunächst unmöglich erscheint.

Frau G. begann sofort, sich zu verspannen und zu zittern, sobald ihr ein bedrohlicher Gedanke in den Sinn kam. Und sie bekam in dem Moment bange Vorstellungen, wenn sie ihre körperliche Erregung wahrnahm. Ob zuerst Angstgedanken auftreten und in der Folge die vegetative Erregung oder umgekehrt, vermochten wir nicht zu beurteilen. Die Frage, ob Huhn oder Ei zuerst existierte, war für die Therapie auch unwichtig. Stattdessen stand, wie gesagt, die *getrennte* Beobachtung von Körperreaktionen und Gedanken im Mittelpunkt unserer Bemühungen. Wir mußten also mit der Patientin eine Wahrnehmungsschulung durchführen.

Während Frau G. regelmäßig mit ihren Entspannungsübungen beschäftigt war, begann sie ergänzend, den uns schon bekannten Körpercheck zu üben. Sie füllte ihre Checklisten in entspannten und erregten körperlichen Zuständen aus und lernte dadurch mit der Zeit den Verlauf ihrer vegetativen Erregung genau kennen. Dadurch wurde sie zunehmend sicher darin, den Beginn einer heftigen körperlichen Erregung zuverlässig vorhersagen zu können und rechtzeitig eine Entspannungsübung durchzuführen.

Der Körpercheck erfüllte aber noch eine andere Funktion: In den Momenten, in denen sie die Spannung ihrer Muskulatur, den Herzschlag, die Empfindungen in Kopf und Brustkorb zwischen 0 und 100 einzuschätzen übte, hatte die Patientin keine Zeit, sich mit Befürchtungen zu beschäften. Dadurch war zumindest ein kleiner Spalt der Tür zu angstfreien Gedanken im Zustand von Aufregung geöffnet. Um diese Tür weiter zu öffen, bedienten wir uns der ›Zwei-Spalten-Technik‹.

Die ›Zwei-Spalten-Technik‹

Frau G. kannte ihren Mann so gut, wie üblicherweise langjährige Ehefrauen ihre Männer kennen. Sie kannte seine beruhigenden Argumente, wenn sie nervös wurde, und wußte auch von seinen Selbstgesprächen, mit denen er sich selbst in kritischen Lebenslagen wieder zu klaren Überlegungen bringen konnte.

Die Zwei-Spalten-Technik sollte nun unserer Patientin helfen, ihre schlimmen Befürchtungen durch beruhigende Vorstellungen zu ersetzen. Zu diesem Zweck erstellte sie eine Liste mit zwei Spalten. In der einen Spalte mit der Überschrift ›Meine Angstgedanken‹ sammelte sie alle typischen Befürchtungen, die ihr während stärkerer Erregungszustände im Kopf herumschwirrten. In der rechten Spalte mit der Überschrift ›Was Erich denken würde‹, listete die Patientin all die beruhigenden Überlegungen auf, die sie von ihrem Mann kannte. Hier ein Auszug aus der Liste:

Meine Angstgedanken	**Was Erich denken würde**
Er hat noch nicht angerufen, da ist bestimmt etwas passiert.	Wenn etwas passiert ist, erfahre ich das; ändern kann ich sowieso nichts.
Er wird doch keinen Unfall gehabt haben.	Ich kümmere mich jetzt um meine Arbeit und denke nicht mehr darüber nach.
Ich schaffe das einfach nicht, gleich drehe ich durch.	Kein Grund zur Beunruhigung, ich erzähle das später meiner Frau.
Ich bin wieder so nervös, wie soll ich nur den Tag überstehen?	Ich habe schon Schlimmeres durchgestanden.

Frau G.'s Liste

Durch das Erstellen solcher Listen hatte sich Frau G. eine Art gedankliches Entspannungs- und Ablenkungstraining gebastelt. Die Patientin wußte bis zu diesem Zeitpunkt nicht, wie man sich durch Nachdenken beruhigen kann. Wenn man sich dreißig Jahre lang mit negativen Vorstellungen plagt, weiß man einfach nicht mehr positiv zu denken. Die Zwei-Spalten-Technik lieferte unserer Patientin neue Ideen.

Frau G. lernte langsam, aber stetig, zunächst mit den Gedanken ihres Mannes, sich von ihren Horrorvisionen zu befreien. Gleichzeitig entwickelte sie mit Hilfe von anderen Patienten auch eigene Merksätze, mit denen sie sich von ihren Ängsten abwenden konnte.

Gegen Ende der Therapie hatte sie mit den Entspannungsübungen und den Merksätzen aus der rechten Spalte wirksame Werkzeuge gegen die Aufregung in der Hand. Sie war in der Lage, körperliche Erregung und Angstgedanken schon im Keime zu ersticken.

Natürlich besprachen und übten wir mit der Patientin sehr viel mehr als beruhigende Gedanken und Entspannung. All die Gespräche und Überlegungen über die weitere Lebensgestaltung, über neue Sinngebungen für ein unbeschwerteres Dasein aufzuzeichnen, würde die Zielsetzung dieses Buches übersteigen.

Man sollte sich auch klar machen, daß es bei der Therapie von Frau G. nicht darum gehen kann, einen neuen angstfreien Menschen zu zaubern. Genau wie bei anderen chronischen Erkrankungen kann es bei der Therapie einer langjährigen Angststörung nicht darum gehen, völlig angstfrei weiterzuleben. In Streßzeiten wird Frau G. weiterhin mit Nervosität und Katastrophenphantasien reagieren. Jedoch hat sie nun Möglichkeiten, jeden Tag aufs Neue gegen ihre Ängste anzugehen und sie zu bewältigen.

Vom Grauen verfolgt:
die posttraumatische Belastungsreaktion

Flugtag in Ramstein in der Pfalz am 28. August 1988. In die Zuschauermenge stürzte ein explodierender Düsenjäger, es gab Tote und Verletzte. Viele der Überlebenden erlitten einen Schock, von dem sie sich bis heute nicht vollständig erholt haben.

Dr. Jatzko vom Städtischen Krankenhaus Kaiserlautern hat viele der Opfer dieser Katastrophe psychotherapeutisch betreut. Er berichtet von Patienten, bei denen immer noch durch Tiefflieger Angstanfälle ausgelöst werden, die zu vegetativen Störungen wie Herzrasen, Schweißausbrüchen, Kopfschmerzen, Übelkeit und Kreislauflabilität bis hin zu Ohnmachtsanfällen führen. Bisher psychisch unauffällige Menschen litten nach dem Unglück unter immer wiederkehrenden Alpträumen, die die Havarie zum Thema haben, Schlafstörungen, Reizbarkeit und Konzentrationsstörung, Lustlosigkeit, Heißhunger oder Verlust des Appetits.

Aber nicht nur die Überlebenden solcher Katastrophen wie in Ramstein können gravierende psychische und vegetative Störungen davontragen. Extrem belastende, bedrohliche Ereignisse können ganz unterschiedlich aussehen und praktisch jeden treffen. Naturereignisse oder vom Menschen verursachte Katastrophen, Teilnahme an Kampfhandlungen, ein schwerer Unfall oder die Tatsache, Zeuge des gewaltsamen Todes anderer oder selbst Opfer von Folterung, Terrorismus, Vergewaltigung oder anderen Verbrechen zu sein, sind in der Lage, eine posttraumatische Belastungsreaktion hervorzurufen.

Alle Patienten mit dieser Störung leiden extrem unter den sich immer wieder aufdrängenden und wehrlos machenden Erinnerungen an das fürchterliche Geschehen. Jedes Ereignis, das in irgendeinem Zusammenhang mit der erlebten Katastrophe steht, kann später bei den Betroffenen panische Ängste und körperliche Erregungszustände auslösen. Beispielsweise wird das Unglück in Form eines Tagtraumes wiedererlebt, so als seien die Opfer erneut in der Katastrophe gefangen. Dr. Jatzko berichtet von einem seiner Patienten, der in Panikattacken mit Hyperventilationszuständen geriet, sobald er den Lärm eines Tieffliegers oder eines Großraumflugzeuges vernahm.

Einer unserer Patienten sah sich nicht mehr im Stande, eine Bank zu betreten. Er war während eines Banküberfalls, bei dem vor seinen Augen ein Kassierer starb, von einem Gangster in Schach gehalten worden.

Im Laufe der Behandlung einer dreißigjährigen Patientin, die wegen Ängsten und psychosomatischen Unterleibsbeschwerden in unsere Klinik kam, fiel uns auf, daß die Frau in der Gegenwart älterer Männer in eine Art äußerliche Starre verfiel und innerlich eine qualvolle Unruhe erlitt. Die Patientin war als Kind und Jugendliche mehrfach von ihrem Stiefvater vergewaltigt worden. In ihrem Heimatort konnte sie zwar den Anblick dieses Mannes seit ihrem Auszug aus der elterlichen Hölle vermeiden. Aber schon der Gedanke an graue Schläfen versetzte sie derart in Angst und Schrecken, daß sie vor ihrem geistigen Auge große, dunkle Gestalten auf sich zukommen sah und vor Hilflosigkeit förmlich versteinerte.

Eine andere Patientin mußte sich immer und immer wieder parfümieren, weil alleine der Geruch von Haut und Schweiß die erschütternde Erinnerung an ihre Vergewaltigung weckte. Man braucht nicht viel Phantasie, um sich vorzustellen, daß Menschen, deren Vertrauen in die Umwelt derart zerstört wurde, mißtrauisch und irritierbar werden, Selbstmordgedanken haben oder sich in Alkohol und Drogen flüchten...

Das Unfaßbare faßbar machen: therapeutische Möglichkeiten

Zunächst sollten wir uns Gedanken darüber machen, wieso sich schlimme Erinnerungen immer wieder ihren Weg ins Bewußtsein suchen und qualvolles Erleben hervorrufen.

Dazu muß man wissen, daß extrem bedrohlich empfundene Erfahrungen sich tief in unser Gedächtnis einprägen. Kein

Kind faßt zweimal auf die heiße Herdplatte eines Ofens. Unser Gedächtnis übernimmt also ganz automatisch eine sehr gesunde Schutzfunktion. Aber es bewerkstelligt noch etwas Wundervolleres: Das Kind, das die schmerzhafte Brandblase am Finger verwunden hat, wird kein zweites Mal auf die Herdplatte greifen — solange ein Feuer brennt! Durch die Erfahrung, daß der Ofen im letzten Sommer kalt war, hat es *unterscheiden* gelernt und weiß jetzt, daß man immer dann die Hände darauf legen kann, wenn kein Feuer flackert oder bis vor kurzem keines darin gebrannt hat. Derselbe Ofen ist also einmal gefährlich, ein anderes Mal ungefährlich, und es gibt sichere Anzeichen, diese Bedrohlichkeit einzuschätzen!

Unser gebrandmarktes Kind erwirbt neben der Fähigkeit zu unterscheiden noch eine weitere Erfahrung: es hat erkannt, daß ein Ofen, in dem ein Feuer brennt, eine Gefahr bedeutet, und ist fähig, dies auf alle Gegenstände, die Hitze abstrahlen, zu *verallgemeinern*. Um diese Fähigkeit, bedrohliche Erlebnisse auf andere Situationen zu übertragen, deutlich zu machen, könnte man dem Satz: ›Gebranntes Kind scheut das Feuer,‹ hinzufügen: › — egal in welcher Verpackung!‹

In diesem Beispiel dient die tief in unserem Bewußtsein sitzende Erfahrung unserem Schutz, und es wäre geradezu verhängnisvoll, wenn wir nichts aus schädlichen Erlebnissen lernen könnten. Als Erwachsene werden wir ganz selbstverständlich die schmerzhafte Begegnung mit dem Herd vermeiden. Ängste vor dem Ofen brauchen sich nicht quälend ins Bewußtsein zu drängen, weil wir aufgrund unserer routinierten, automatisch gesteuerten Unterscheidungs- und Verallgemeinerungsfähigkeit uns keine Sorgen machen müssen, etwa zu übersehen, wann Vorsicht geboten ist und wann nicht.

Menschen, die an einer posttraumatischen Belastungsstörung leiden, fehlt aber seit dem Unglück die Möglichkeit zu unterscheiden. Woran soll eine vergewaltigte Frau erkennen können, wie ein typischer Vergewaltiger aussieht? Woher soll der Überlebende der Flugzeugkatastrophe von Ramstein wissen, ob nicht schon der nächste Düsenjäger über ihm in Flammen ausbricht? Wie sieht die Schalterhalle einer Bank aus, in der garantiert kein Überfall stattfindet?

Für die Betroffenen gibt es nach der Katastrophe keine Maßstäbe mehr. Eine Unterscheidung von Gut und Böse ist nicht sicher zu treffen. Es bleibt nur noch die Möglichkeit der Verallgemeinerung. Sobald irgendein Hinweis auftaucht, der bewußt oder unbewußt mit dem Unglück in Verbindung steht, wird das frühere Opfer in volle Alarmbereitschaft versetzt: »Vermeide *alles*, was zum unermeßlichen Unglück führen könnte!!!« mag die Parole zu dieser Lebensweise lauten. Der mit zunehmender Lebenserfahrung sehr exakt ausgeprägte Rahmen, der uns merken läßt, wann wir uns innerhalb, wann außerhalb einer gefährlichen Situation befinden, ist durch den Schock zerstört. Die Opfer haben die ›Fassung verloren‹, die Fähigkeit, ›gefährlich‹ und ›harmlos‹ auseinanderzuhalten. Immer wieder drängen sich schreckliche Erinnerungen auf; unser Geist wird ständig durch irgendwelche auf den ersten Blick unbedeutend erscheinende Ereignisse an das Geschehene erinnert und will uns warnen...

Alle mir bekannten psychotherapeutischen Möglichkeiten setzen an dem Punkt an, das Erlebte genau berichten zu können. Dazu müssen alle Gedanken, Phantasien und Gefühle vor, während und nach dem Unglück wieder hervorgeholt werden. Dies klingt so, als würde man den Patienten nochmals in die Hölle schicken. In der Tat geht es den Betroffenen zunächst sehr schlecht, wenn sie aufgefordert werden, all das genauestens in Worte zu fassen, was sie gesehen, gehört, gedacht, gerochen, geschmeckt und gefühlt haben, als die Katastrophe geschah. Aber durch den genauen Bericht bekommt das Ereignis zum ersten Mal einen Rahmen, eine genaue sprachliche Fassung, die schon deutlich zu einer seelischen Gesundung beiträgt, weil das Geschehene eine klarere Form bekommt.

Pennebaker, ein amerikanischer Psychologe, hat dazu einige interessante Untersuchungen angestellt. Er zeigte beispielsweise, daß Menschen, die dazu gebracht wurden, über schlimme Erfahrungen genau zu berichten, in der Folgezeit deutlich weniger erkrankten als diejenigen, die sich darüber in Schweigen hüllten. Bei seiner Untersuchung über die psychologischen Auswirkungen des Erdbebens 1989 in Kalifornieren auf die dort lebenden Menschen machte er ebenfalls eine interessante

Entdeckung. In den betroffenen Gegenden sprachen die Leute sehr häufig von dieser Katastrophe, nach einigen Wochen flaute das Gespräch darüber jedoch merklich ab, weil mancher zwar noch immer darüber sprechen, aber keiner mehr zuhören wollte. In der Zeit, als die Menschen aufhörten, über das Beben zu reden, stiegen die Krankheitsraten stark an (Pennebaker 1990). Offensichtlich war es den untersuchten Personen noch nicht gelungen, dem Erlebten sprachlich einen so genauen Rahmen zu geben, daß es sie wirklich in Ruhe ließ.

Zurück zur Therapie: Natürlich geht es den Patienten zunächst sehr schlecht, wenn sie beginnen, sich die grauenhaften Erlebnisse ins Gedächtnis zu rufen. Jedoch scheint diese Maßnahme die Voraussetzung dafür zu sein, wieder ein Gefühl von Vertrauen in die eigenen Fähigkeiten und damit Selbstsicherheit zurückzugewinnen: Das Reden über die zurückliegenden Qualen hilft den Betroffenen, sich in ihrem gegenwärtigen Leid besser zu verstehen. Bis zum Beginn der Therapie haben es unsere Patienten in der Regel vermieden, über ihren Schock zu berichten. Sie sind froh, daß die Katastrophe der Vergangenheit angehört und scheuen sich, all das noch einmal zu vergegenwärtigen. Außerdem sind die verbleibenden Symptome immer noch so schlimm, daß es den Opfern als riesige Bedrohung erscheint, noch einmal zusätzlich zu der täglichen Belastung das Schockerlebnis an sich zu verarbeiten. Nun ist aber das Zurückhalten eigener Gedanken, Gefühle und Verhaltensweisen eine große seelische und körperliche Anstrengung. Über qualvolle Erlebnisse zu schweigen bedeutet also eine nicht endende Form von Streß! Die einzige Möglichkeit, diese andauernde Streßbelastung abzubauen, besteht im Reden über die schreckliche Vergangenheit.

Daher hatte unsere Patientin, die sich nach ihrem Mißbrauch in der Kindheit immer wieder parfümierte, deutlich weniger Alpträume, nachdem sie alle Erinnerungen über qualvolle Erlebnisse und über ihre Scham, Schuldgefühle und hilflose Wut ›peinlich‹ genau berichtet hatte.

Für Patienten, denen es unmöglich erscheint, sich direkt in das geschehene Unglück zurückzuversetzen, kann es eine Hilfe sein, sich vorzustellen, sie sähen ihre Katastrophe in einem

Film, den sie innerlich ablaufen lassen. Durch dieses Vorgehen, gewissermaßen als Zuschauer von der selbst erlebten Katastrophe zu berichten, ist ein Abstand zu dem Geschehen geschaffen, der die Heftigkeit der entstehenden Gefühle mildert.

Aber das Reden und Nachvollziehen des Traumas (Trauma = Verletzung) ist nur der erste Schritt in Richtung einer Gesundung. Alle Anlässe, die mit der vergangenen Qual in einem Zusammenhang stehen, lösen weiterhin bedrohliche Gefühle und körperliche Reaktionen aus. Die Fähigkeit, zwischen dem Geschehen und der Phantasie über die gegenwärtigen Situationen zu unterscheiden, haben die Patienten allein durch das Reden nicht wiedererlangt. Der nächste therapeutische Schritt besteht darin, alle Situationen, die die Patienten ängstigen, genau durchzusprechen, um sie mit der ursprünglichen Katastrophensituation zu vergleichen. Auch hierfür ist es unabdingbar, über das Trauma Bescheid zu wissen. Eine unserer Patientinnen hatte beispielsweise eine große Abneigung gegen eine Therapeutin und bekam immer wieder Zitteranfälle in deren Nähe. Schließlich fanden wir heraus, daß die schwarzen Lokken unserer Mitarbeiterin die Patientin an das Haar ihres Vergewaltigers erinnerten. Als dies der Frau klar wurde, konnte sie zunehmend Vertrauen zur Therapeutin entwickeln, und die Symptome verschwanden. Die Patientin war wieder in der Lage, eine bewußte Unterscheidung zwischen dem, was sie durchgemacht hatte, und der Gegenwart zu treffen.

Aber nicht immer ist der Unterschied zwischen Vergangenheit und ›ungefährlicher‹ Gegenwart so deutlich wie im vorigen Beispiel. Wie soll sich die Patientin klar machen, daß nicht der nächste schwarzgelockte Mann vielleicht wieder ein Verbrecher ist? Auch die Überlebenden von Ramstein oder der überfallene Bankkunde können sich nie hundertprozentig sicher sein, daß sie ihre bangen Ahnungen trügen. An diesem Punkt setzen weitere therapeutische Bausteine an. Wenn alle angstauslösenden Anlässe entdeckt sind, beginnt die Arbeit an den immer wieder quälenden realen Situationen. Denn üblicherweise sind Patienten, die an einer posttraumatische Belastungsreaktion leiden, nicht nur von Alpträumen und anderen seelischen und körperlichen Qualen betroffen, sondern sind auch in ihrem Verhalten eingeschränkt. Sie vermeiden alle Situationen, die die Qual hervorrufen oder stärken könnten. Unser Bankkunde zum Beispiel traute sich kaum noch aus dem Haus, geschweige denn an Örtlichkeiten, die beraubt werden könnten. Nicht nur Geldinstitute, sondern auch alle möglichen Geschäfte, Tankstellen und andere öffentliche Einrichtungen mied er seit dem Überfall. Natürlich besteht andauernd und überall die Gefahr einer Bedrohung. Aber die Wahrscheinlichkeit ist doch so gering, daß es immer noch erstrebenswert ist, das Risiko zugunsten eines erfüllteren Lebens einzugehen.

Die Auseinandersetzung mit bedrohlichen Situationen

Sobald die Patienten herausgefunden haben, welche Erinnerungsbilder wach werden, wenn sie sich so verhalten würden wie vor dem schrecklichen Erlebnis, beginnt die nächste Phase.

Unser Bankkunde konnte sich nicht mehr vorstellen, angstfrei eine Bank zu betreten. Aber es war nicht nur die drohende Panik, die ihn davon abhielt. Viele Menschen, die ein schweres Trauma erlebt haben, sehen sich zusätzlich noch mit anderen negativen Gefühlen konfrontiert. Bei den Betroffenen treten immer wieder Scham- und Schuldgefühle ins Bewußtsein: »Vielleicht hätte ich mutiger sein müssen – ich bin ein alter Feigling!« Sie können sich sicherlich vorstellen, in welche Gewissensnöte Opfer von schweren Autounfällen oder Flugkatastrophen geraten können, welch starke Scham und hilflose Wut mißbrauchte Menschen durchmachen, sobald sich Gedanken an das Geschehene aufdrängen.

Wir gehen als Behandler nicht davon aus, daß die unangenehmen Gefühle einfach ›wegzutherapieren‹ sind und unsere Patienten unbeschwert wie früher werden. Das Ziel der Therapie besteht in erster Linie darin, sich Handwerkszeug zu erwerben, um vermiedene Situationen wieder aufsuchen zu können.

Mit dem Bankkunden stellten wir eine der schon bekannten Hierarchien auf und begannen, die am wenigsten bedrohlichen Situationen zunächst im Geiste, dann in der Wirklichkeit aufzusuchen. Ähnlich wie bei Frau G. forderten wir diesen Patienten auf, sich die bedrohlichen Situationen vorzustellen und auszusprechen, welche Gedanken und Gefühle dabei auftauchen. Herr B. äußerte immer wieder Bedenken, die mit seinem Erlebnis des Überfalls zu tun hatten. Im Vordergrund standen dabei die Angst, selbst Schaden zu nehmen und die Hilflosigkeit, nicht zu wissen, wie man sich in solch einem Fall tapfer verhalten soll. Natürlich kann ein Therapeut keine ermunternden Ratschläge erteilen, was man am besten während eines Überfalls oder eines anderen Unglücks macht. Letztlich bleibt es die Entscheidung der Opfer, ob sie sich wieder in mögliche Gefahrensituationen hineinbegeben möchten oder nicht.

Die therapeutische Arbeit bestand bei Herrn B. darin, die negativen Gefühle, die ihn beim Betreten einer Bank in Schach hielten, immer wieder mit der Ursprungssituation in Verbindung zu bringen. Herr B. bekam die Aufgabe, sich bei der kleinsten bedrohlichen Gemütsregung zu fragen, wie wahrscheinlich es wäre, daß ihm gerade jetzt wieder ein Unglück drohte. Er lernte, für sich abzuwägen, ob es sich lohnen würde, das vorhandene, aber geringe Risiko einzugehen, ein Geschäft oder eine Sparkasse zu betreten.

Sätze wie: »So etwas wie damals kann mir passieren, sobald ich meine Wohnung verlasse, aber ich riskiere es, weil ich wieder am Leben teilhaben will,« halfen Herrn B., sich wieder freier zu bewegen – zunächst noch mit großer Nervosität, aber ein Anfang war immerhin gemacht. Wenn Patienten auf gar keinen Fall über die schlimme Vergangenheit reden möchten, versuchen wir in aller Regel, die Angstbewältigungsübungen durchzuführen. In Einzelfällen verhalf das Training, bisher vermiedene Orte wieder aufzusuchen, den Betroffenen wenigstens zu einem vergrößerten Handlungsspielraum.

Menschen, die eine Katastrophe erlebt haben und in ähnlichen Situationen in irgendeiner Form leistungs- oder konzentrationsfähig sein müssen, haben noch größere Probleme als unser Herr B. Ein Flugzeugpilot, der einen Absturz überlebt hat, hält es zwar igendwann auch wieder in einem Cockpit aus. Daß er aber auch wieder die Fähigkeit erlangt, so unverzagt wie früher ein Flugzeug zu führen, ist nicht sicher...

Rückfälle:
wenn alles wieder von vorne beginnt

Im Grunde gibt es zwei Auffassungen über Rückfälle, diejenige von Betroffenen und die der Therapeuten. Angstpatienten fürchten sich davor, wie früher wieder Ängste zu bekommen und das ganze innere Chaos erneut durchmachen zu müssen. Verhaltenstherapeuten sind weniger besorgt über die Tatsache, daß ihre Patienten hin und wieder Angst empfinden, als vielmehr über die Möglichkeit, daß sich die Opfer durch die Angst lähmen lassen und sich mutlos zurückziehen.

Wie wir gesehen haben, werden Angstanfälle in der Regel durch belastende Lebensereignisse ausgelöst und als eine massive körperliche und seelische Bedrohung empfunden, die eine Einschränkung der Handlungsfähigkeit zur Folge hat. Es ist das Ziel einer Therapie, die Patienten in die Lage zu versetzen, ihre Ängste als psychosomatische Streßreaktion zu erkennen und mit den angstauslösenden Lebensereignissen angemessen umgehen zu lernen. Zu diesem angemessenen Umgang gehört die Fähigkeit, sich von dem leib-seelischen Streßsignal nicht ins Bockshorn jagen zu lassen.

Faßt man Angst als hilfreiches Signal des Organismus auf, das uns auf eine Überforderung hinweist, können wir aus jedem Rückfall lernen, in Zukunft besser auf uns zu achten. Jeder ›Mißerfolg‹ enthält also Informationen, wie wirksamere Veränderungsbemühungen aussehen können. Gehorcht man der Angst, indem man sich ohnmächtig verkriecht, schaltet man den ursprünglichen Streß zwar ab, baut aber durch den Rückzug eine andere Form von seelischer Belastung auf. Man treibt den Teufel mit dem Beelzebub aus! Aus dieser Perspektive ist ein kompletter Rückzug im Angesicht der Angst sicherlich als einzige Form des Rückfalls zu bewerten.

Im Verlauf einer Therapie lernen Patienten, auf Vorboten ihrer Angstanfälle zu achten. Auf die Frage: »Was müssen Sie tun, damit Ihre Beschwerden wieder auftreten?« können die

Betroffenen mit der Zeit eine ganze Liste von Antworten erstellen. Üblicherweise stehen am Anfang Antworten wie: »Zurückziehen und denken, daß alles umsonst war,« oder: »Fest davon überzeugt sein, daß ich gleich einen Herzinfarkt bekomme und den Notarzt rufe«.

Die Patienten benennen hier die Verhaltensweisen, welche sie vor der Therapie zunehmend in ängstliche Starre getrieben haben. Um Rückfällen vorzubeugen, ist es natürlich sinnvoll, es nicht erst soweit kommen zu lassen. Man kann vier Möglichkeiten zum Umgang mit und zur Vorbeugung von Rückfällen unterscheiden; diese Methode nennen wir ›Vierstufenplan‹.

1. Stufe: Für sich sorgen

»Jeden Morgen bringen die Menschen ihr Haar in Ordnung, nicht aber ihr Herz.« (zit. n. Schneider 1990) Dieses chinesische Sprichwort umschreibt treffend, worauf es in der ersten Stufe zur Vermeidung von Rückfällen ankommt.

Viele Angstpatienten erleben körperliche Notfallreaktionen, wenn sie über eine gewisse Zeit ›unvernünftig‹ gelebt haben. Mangelnde körperliche Betätigung, zu wenig Schlaf, zuviele Zigaretten, unregelmäßige Mahlzeiten oder häufiger Alkoholkomsum belasten den Organismus. Wenn man weiß, daß der eigene Körper dazu neigt, auf Streß plötzlich und heftig zu reagieren, ist es notwendig, ihn durch eine gesunde Lebensführung zu stabilisieren. Auch ungeklärte, problematische Beziehungen zu Freunden oder Kollegen in Ordnung zu bringen, gehört zur gesunden Lebensführung.

Menschen, die zur Hyperventilation neigen, sollten immer wieder auf ihre Atmung achten und eventuell einen Kurs in Atemgymnastik oder Yoga besuchen. Für Patienten mit einer ›generalisierten Angststörung‹ ist es sehr wichtig, regelmäßig täglich Entspannungsübungen durchzuführen. Insgesamt kommt es auf der ersten Stufe darauf an, ein gesundes Verhältnis zwischen Sollen/Müssen und Wollen/Mögen herzustellen, indem man sein Leben so gestaltet, daß Belastungen in einem erträglichen Rahmen bleiben und Erholung ausreichend Raum bekommt.

2. Stufe: Hellsehen

Man braucht nicht die Fähigkeiten einer Wahrsagerin, um zu wissen, mit welchen Schwierigkeiten in der nahen Zukunft zu rechnen ist. Die zweite Stufe zur Vermeidung von Rückfällen bereitet den Umgang mit künftigen Risikosituationen vor (Kanfer u. a. 1992). Jeder Mensch kennt seine Schwächen und Belastungen, die ihn immer wieder einholen.

Was sagt man zum Chef, wenn der wieder einmal Mehrarbeit verlangt, obwohl das normale Pensum schon genug ist? Wie spannt man am besten den Partner oder die Partnerin ein, wenn die Belastung durch Beruf, Hausarbeit und Kinder so groß wird, daß keine Sekunde für das eigene Wohlergehen übrig bleibt? Auf die Frage, was das Schlimmste ist, was in den nächsten Tagen und Wochen passieren könnte, fallen jedem Menschen Vorkommnisse ein, die gut vorbereitet sein wollen.

Angstpatienten sollten schon während der Therapie ihre typischen, zu Angstanfällen führenden Überlastungssituationen erkennen lernen und Abwehrmaßnahmen einüben.

Nehmen wir den Arbeitsplatz als Beispiel. Wenn ein Patient weiß, daß der Vorgesetzte am liebsten ihn darum bittet, zusätzlich einen Arbeitsbereich zu übernehmen oder für eine weitere Schicht als Krankheitsvertretung einzuspringen, so ist das natürlich nicht auf den Tag genau vorherzusagen. Die Bitte kommt also relativ überraschend. Außerdem besteht die Möglichkeit, daß der oder die Gefragte gerade nicht übermäßig belastet ist und die Aufgabe, wenn vielleicht sogar zusätzliches Geld winkt, gerne übernimmt. Trotz der Gewißheit, daß die Frage des Vorgesetzten kommen wird, besteht also noch eine Unsicherheit darüber, wann genau. Außerdem bleibt unklar, ob zu dem betreffenden Zeitpunkt die Zusatzaufgabe tatsächlich eine Mehrbelastung darstellt. Nun, wie kann man sich auf solch eine überraschende, aber doch mit Sicherheit eintreffende Situation vorbereiten? Patienten, die sehr schnell ›Ja‹ sagen, ohne sich Gedanken über die Folgen ihres Einsatzes zu machen, müssen lernen, die endgültige Antwort zunächst einmal zu verzögern: Dem Boß in die Augen sehen und um Bedenkzeit bitten hilft, Zeit und Handlungsspielraum zu gewinnen.

Natürlich müssen solche ›Standardsituationen‹ eingeübt werden. Dies geschieht meist in der Therapiegruppe mit Unterstützung der anderen Patienten. Menschen, die gewohnt sind, immer zu allem »Ja und Amen« zu sagen, egal wie gesundheitlich belastend die Folgen sein mögen, fällt es sehr schwer, unbequeme Antworten zu geben. Selbst wenn man genau begriffen hat, wie man ›eigentlich‹ auf solche kritischen Situationen reagieren sollte, kann man das, ohne es geübt zu haben, nicht durchhalten. Es zu wissen heißt nicht, es zu können!

Vom Prinzip her geht es also in der zweiten Stufe der Rückfallvermeidung darum, die Möglichkeit von typischen überfordernden Situationen in Betracht zu ziehen. Sind diese Situationen herausgearbeitet, werden Verhaltensweisen eingeübt, die es den Betroffenen ermöglichen, in Ruhe eine Entscheidung zu treffen.

Je mehr persönliche Streßsituationen man kennt, um so seltener findet man sich von starken Belastungen oder gar von Angstanfällen überrumpelt. Wie man aus einem Angstanfall lernen kann, besser mit Streß umzugehen, damit befaßt sich die dritte Stufe der Rückfallvorbeugung.

3. Stufe: Der Rückfall als Helfer

Eine Angstreaktion ist die Aufforderung des Organismus, wieder mehr auf sich zu achten! Unsere Patienten lernen während einer Verhaltenstherapie möglichst genau die Situation zu erkennen, in denen sie Panikanfälle bekommen. Wie wir bei den Opfern von Agoraphobien und Panikstörungen gesehen haben, können die Beschwerden beispielsweise auf öffentlichen Plätzen oder durch Hyperventilationstetanien ausgelöst werden. Ein niedriger Blutzuckerspiegel oder hormonelle Veränderungen im Zyklus einer Frau erhöhen zusätzlich die Auftretenswahrscheinlichkeit einer Bereitstellungsreaktion.

Obwohl ein geschulter Angstpatient über seine wunden Punkte Bescheid weiß, können während der Therapie nicht alle zukünftig auftretenden Belastungen, die zu Angstanfällen führen, vorbereitet werden. ›Hellsehen‹ ist also zunächst nur in begrenztem Maße möglich! Will man einen Angstanfall als Helfer benutzen, müssen die Situationen, in denen die Panik aufgetreten ist, genau auf ›Risikofaktoren‹ hin untersucht werden.

Einer unserer Patienten, der große Ängste davor hatte, im Auto eine Panikattacke zu bekommen, schien im Laufe der Therapie immer besser damit zurechtzukommen, trotz der Angst Auto zu fahren. Er machte sehr gute Erfahrungen und erlebte während der laufenden Therapie keinen der befürchteten Angstanfälle in seinem Wagen. Kurz vor Entlassung aus der Klinik kam er völlig aufgelöst von einer Fahrt mit seiner Freundin zurück. Die schon immer befürchtete Panikattacke im Auto hatte ihn nun doch ereilt. Unser Mann war natürlich überzeugt, daß nun die gesamt Therapie sinnlos gewesen sein. »Diesmal ist die Panik wirklich aus heiterem Himmel aufgetreten. Ich weiß überhaupt nicht mehr, worauf ich mich verlassen soll...«

Bei genauerem Nachfragen stellte sich heraus, daß er mit dem Auto unterwegs war, um einen schönen Sommerstellplatz für seinen Wohnwagen auszusuchen. Seine Freundin begleitete ihn, obwohl sie Camping haßte wie die Pest. Natürlich zeigte sie aus diesem Grund selbst für den idyllischsten Campingplatz keine sonderlich große Begeisterung. Mit jedem Stirnrunzeln der Freundin setzte sich unser Patient mehr unter Druck, ein Fleckchen Erde zu entdecken, das sogar sie in Verzückung geraten ließe. Nach sechs Stunden Fahrt bekam unser Patient mit einem Mal seine bekannten Herz-Kreislauf-Symptome und dadurch jede Menge Angst!

Während er den Tagesverlauf schilderte, wurde ihm selbst klar, wie sehr er sich unter Druck gesetzt hatte. Zwar hatte er während der Fahrt mehrmals eine leichte Übelkeit verspürt, verbunden mit Gedanken wie: »Ich habe keine Lust mehr weiterzusuchen« – »Was will ich ihr denn beweisen?« – »Jetzt ist es viel zu heiß, um weiter im Auto zu sitzen«..., jedoch hatte er sich so verhalten, als existierten seine Bedürfnisse nicht.

Hätte im Verlauf der Autofahrt die Ölkontrolleuchte am Armaturenbrett seines Wagens aufgeblinkt, wäre unser Patient bestimmt sofort an den Straßenrand gefahren, um den Motor zu kontrollieren. Die körperlichen und gedanklichen Frühwarnsignale für seine Person ignorierte er aber, bis sein Organismus über eine Bereitstellungsreaktion die Notbremse zog.

Wer ständig die Frühwarnsignale übergeht, handelt so, als würde er sämtliche Kontrollanzeigen in seinem Auto mit schwarzem Klebeband abdecken. Man muß sich dann nicht wundern, wenn der Motor kein Öl mehr hat oder der Tank leer ist. Vielen Menschen geht es wie unserem Patienten. Sie wissen genau, daß sie sich quälen, sie bemerken ihre unguten Gedanken und Gefühle. Sie können sich aber nicht durchringen, rechtzeitig wenigstens ein bißchen für sich zu sorgen.

Unser Mann kam noch in derselben Therapiesitzung auf die Idee, daß er sehr gut in der Lage gewesen wäre, in der Streßsituation seinen Druck abzubauen. »Eigentlich hätte ich nur sagen müssen, daß ich jetzt keine Lust mehr habe weiterzusuchen. Meine Freundin hätte das bestimmt verstanden. Vielleicht wäre sie sogar froh gewesen, das Herumfahren zu beenden; die Luft war schon zum Schneiden vor Spannung!«

Für diesen Patienten war die Herzattacke im Auto zunächst ein verflixter Rückfall, der nur die Unberechenbarkeit dieser Erkrankung deutlich zu Tage brachte. Bei genauerer Betrachtung erwies sich die plötzlich auftretende Panik jedoch als ein segensreicher Fingerzeig, das eigene Wohlbefinden nicht immer hintenanzustellen. Nach dieser Erfahrung konnte der Patient für zukünftige Ereignisse dieser Art Vorbereitungen treffen.

Erst wenn man durch genaue Selbstbeobachtung verstanden hat, wodurch ein Angstanfall ausgelöst wurde, kann man lernen, im Vorfeld etwas zu ändern. Der Patient konnte nun rechtzeitig auf seine unguten Gefühle reagieren und gewöhnte sich an zu prüfen, ob es nicht sinnvoll wäre, empfundenen Streß augenblicklich abzubauen. Ihm war aufgefallen, daß er immer dann zu Herzattacken neigte, wenn er sich überforderte.

Es ist Ihnen sicherlich aufgefallen, daß wir hier wieder bei der Stufe zwei, dem Hellsehen, angelangt sind. Aus der Erfahrung mit Rückfällen kann man zunehmend genau zukünftige Risikosituationen erkennen und sich gut vorbereiten.

Auf der Stufe zwei haben wir gesehen, daß die grundlegende Vorbereitung darin besteht, sich eine ›Auszeit‹ zu verschaffen, die dem Betroffenen ermöglicht, sich zu besinnen. Zum Umgang mit Risikosituationen gehören aber auch noch andere Strategien; die Pause zum Überlegen ist lediglich die Vorbereitung des Abbaus von Streßbelastung. Je nach Art der Belastung und der Angstsymptomatik sind sehr unterschiedliche Veränderungsmaßnahmen notwendig. Für unseren ›Camping‹-Patienten reichte es aus, die Belastungssituationen erst einmal abzubrechen, sobald sie sich durch leichte Unlustgefühle ankündigten, also in Ruhe zu überlegen, wie es jetzt weitergehen sollte. Für unsere Patientin G. mit der generalisierten Angststörung wäre es sinnvoll, eine längere Entspannungsübung durchzuführen, sobald sich eine verstärkte Phase der ängstlichen Verunsicherung ankündigt.

Wir haben auch Angstpatienten gesehen, deren gesamter Tagesablauf in einem Umfang belastend war, daß nahezu täglich Erschöpfungszustände oder Panikattacken auftraten. Bei Frauen entstehen solche Störungen meist im Zusammenhang mit der dreifachen Belastung durch familiäre, hausfrauliche und berufliche Aufgaben, bei Männern sind es häufig in Bezug auf Arbeitszeit und Verantwortung maßlos überfordernde berufliche Verpflichtungen und Ziele. Wenn hier die auf der Stufe ›1‹ empfohlenen Möglichkeiten, besser für sich zu sorgen, einfach mangels Zeit undurchführbar scheinen, müssen grundsätzlichere Überlegungen angestellt werden. Letztendlich geht es um die Entscheidung, zu Gunsten des leib-seelischen Wohlbefindens Abstriche bei der Erfüllung beruflicher oder privater Aufgaben zu machen. Unser Organismus rebelliert nun mal, wenn das Verhältnis zwischen ›Sollen/Müssen‹ und ›Wollen/Mögen‹ allzu schief gerät (Schneider 1990).

Für Frau A. bestand eine Veränderung darin, ihren Mann mehr in die Hausarbeit einzuspannen und dabei aushalten zu lernen, daß manche Nachbarin sie für eine ›schlampige‹ Hausfrau hielt. Ein Patient entschied sich, vom besser bezahlten Schichtdienst in den normalen Dienst zu wechseln, ein anderer entschloß sich dazu, Aufgabenbereiche abzugeben und sich damit abzufinden, vielleicht eine weniger steile Karriere zu machen... Aber bevor Veränderungen der Lebensführung eingeleitet werden, sollten die Betroffenen sich genauestens überlegen, ob nicht der Streß infolge einer veränderten Lebensweise Angstreaktionen noch wahrscheinlicher macht.

Einer unserer Patienten sah sich bei Klinikaufnahme nur

noch vor der Alternative, seinen Beruf als Abteilungsleiter eines Baumarktes aufzugeben oder von Angstzuständen und der täglichen Belastung überrollt zu werden. Beide Perspektiven waren für den Betroffenen so unerträglich, daß er immer häufiger an Selbstmord dachte. Unsere Lösung bestand darin, mit ihm seine überhöhten Ansprüche an die berufliche Leistungsfähigkeit zu hinterfragen. Er fühlte sich nämlich für sämtliche Fehler und Versäumnisse seiner Mitarbeiter persönlich verantwortlich und versuchte – mit großem Erfolg – alle möglichen Störungsquellen aufzustöbern und einen perfekten Arbeitsablauf auch für die Verantwortungsbereiche der Kollegen zu gewährleisten.

Allmählich wurde ihm klar, daß man ihn weder entlassen würde noch er sich selbst Vorwürfe machen müßte, wenn ab und zu im Betrieb nicht alles perfekt liefe. Dadurch gelang es ihm auch, seine Freizeit unbeschwerter zu gestalten. Er begann wieder, mit der Frau Ausflüge zu machen und in aller Ruhe Bücher zu lesen. Und er gab es auf, am Feierabend darüber nachzugrübeln, was wohl am nächsten Tag nicht reibungslos laufen würde. Jede neue Angstattacke wies unseren gewissenhaften Abteilungsleiter darauf hin, daß er es beruflich wieder einmal übertrieben und Stufe ›1‹ vernachlässigt hatte.

Bevor Angstpatienten eine drastische Entscheidung wie zum Beispiel eine Kündigung ins Auge fassen, sollten sie sich also genauestens überlegen, ob der Dauerstreß wirklich an der äußeren Situation liegt. Die Verminderung der eigenen Ansprüche ist oftmals so erleichternd, daß auch die Ängste abnehmen...

4. Stufe: Selbstbehandlung

Bisher haben wir Rückfälle betrachtet, die Therapeuten eigentlich gar nicht als solche ansehen. Wiederkehrende Ängste sind Streßsignale unseres Organismus und wollen darauf hinweisen, daß wir unsere Lebensweise etwas korrigieren sollten. Insofern ist es nicht tragisch, Angst zu bekommen. Es wird aber dann problematisch, wenn die Angst zum Anlaß für einen kompletten Rückzug wird. Sobald Angstpatienten merken, daß sie sich von der Angst in die bekannte hilflose Verzweiflung drängen lassen, sollten sie beginnen, die in der Therapie gelernten Möglichkeiten verstärkt anzuwenden. ›Sich der Angst stellen‹ heißt die Devise. Falls Sie denken, daß sie allein nicht in der Lage sind, die bekannten Angstbewältigungsübungen durchzuführen, bitten Sie Freunde oder Familienmiglieder um Unterstützung!

Auf keinen Fall sollten die Angehörigen Rückzugstendenzen gutheißen. Jeder Versuch, nach draußen zu gehen, ist lobenswert. Für die Helfer der Angstpatienten gilt ganz allgemein: jede Veränderungsaktivität unterstützen, kein Bedauern bei Rückzug und Verkriechen! Helfen Sie stattdessen den Betroffenen, aus dem dunklen Loch des Vermeidungsverhaltens herauszukommen.

Falls Angstpatienten es trotz aller Mühe und Unterstützung nicht schaffen, ihren Rückzug aufzugeben, kann nur der erneute Gang zum Therapeuten empfohlen werden.

Viele Betroffene erlernen den richtigen Umgang mit der Angst in Psychosomatischen Fachkliniken oder Psychosomatischen Abteilung an größeren Kliniken, und es ist nicht immer möglich, alle Risikofaktoren, die im ›richtigen Leben‹ nach einem Klinkaufenthalt auftreten, ausreichend während der Behandlung zu berücksichtigen. Eine Nachbetreuung erscheint aus diesem Grund oftmals nötig.

Leider ist die damit ausgesprochene Empfehlung: »Gehen Sie zum Therapeuten, wenn Sie sich nicht mehr zu helfen wissen«, die wohl am schwersten durchzuführende dieses Buches. Verhaltenstherapeuten haben in der Regel Wartezeiten von mindestens einem halben Jahr! Kein Mensch kann sich heute vorstellen, auf eine medizinisch notwendige Behandlung so lange zu warten. Malen Sie sich nur aus, man würde Sie beispielsweise nach einer Magenoperation aus dem Krankenhaus entlassen und Sie bitten zu hoffen, daß keine Komplikationen auftreten. Falls dies doch geschehe, könne man sie für eine Weiterbehandlung in etwa sechs Monaten vormerken!!!

Die psychotherapeutische Versorgung der Bevölkerung liegt also sehr im argen. Falls Sie unter qualvollen Ängsten leiden und die Wartezeit auf einen Therapieplatz einfach nicht mehr aushalten, können zur Überbrückung auch Medikamente eingenommen werden.

Die medikamentöse Behandlung
von Ängsten

Der Einsatz von ›Psychopharmaka‹ (Mittel, die auf die Psyche wirken) zur Behandlung von Ängsten ist in der Diskussion zwischen Ärzten und Psychologen ein sehr heißes Eisen. Psychologen dürfen nämlich keine Medikamente verschreiben, und andererseits sind die wenigsten Ärzte in Verhaltenstherapie ausgebildet. So kommt es leicht zu Auseinandersetzungen, die von standespolitischen Gefühlsregungen geprägt sind und infolge fehlender Klarheit weder dem Patienten noch wissenschaftlichen Erkenntnissen dienen. In diesem Kapital soll nun versucht werden, aus psychologischer Sicht die Einsatzmöglichkeiten einiger heute gebräuchlicher Medikamente mit ihren Vor- und Nachteilen im Rahmen einer verhaltenstherapeutischen Behandlungsmaßnahme aufzuzeigen.

Eigentlich kann man alle Medikamente als ›Psychopharmaka‹ bezeichnen, denn mit jeder Spritze und jeder eingenommenen Tablette entstehen auch Hoffnungen, daß es uns danach besser gehen möge. Was ist das anderes als eine Veränderung unseres seelischen Befindens? Aber auch Menschen, die ihre Tabletten schon lange regelmäßig und automatisch einnehmen, sich nichts mehr dabei denken, sind ›unbewußt‹ auf die kleinen Helfer eingestellt und kämen in seelische Nöte, würde man ihnen die regelmäßige Einnahme versagen. Aus diesem Grunde sollten wir uns überlegen, welche Auswirkungen es hat, sich ausschließlich auf Medikamente zu verlassen. Zum anderen kann es auch von Vorteil sein, ein Medikament *bewußt* einzusetzen, um sich nicht überfordert und hilflos zu fühlen.

Es würde ein ganzes Buch füllen, zu sämtlichen Angststörungen die Vor- und Nachteile der einschlägigen Psychopharmaka aufzuzeigen. Wir werden uns deshalb beispielhaft mit den recht gut erforschten medikamentösen Möglichkeiten zur Behandlung der Panikstörung (Buller und Benkert 1990) und der Agoraphobie (Mavissakalian 1988) beschäftigen.

Die folgende Darstellung orientiert sich weitgehend an Überlegungen, die Tonscheid (ein verhaltenstherapeutisch arbeitender Arzt) über Grundsätze medikamentöser Behandlungen angestellt hat.

Grundsätzliches

Ganz allgemein kann man sagen, daß einem Patienten die Auswirkung und die Notwendigkeit seiner Medikamenteneinnahme klar sein sollte. Dies fördert die Eigenverantwortlichkeit der Betroffenen und regt, wenn es schon sein muß, zum gewissenhaften Einnehmen der Pillen an. (Wer schon im Krankenhaus lag und erlebt hat, wieviele Tabletten nicht eingenommen, sondern, sobald die Schwester das Zimmer verläßt, in den Papierkorb oder aus dem Fenster geworfen werden, weiß, wovon hier die Rede ist.)

Ein weiterer Grundsatz besagt, daß der Arzt mit dem Patienten genaue Bedingungen aushandeln sollte, wann die Medikamente angesetzt, abgesetzt oder deren Dosierung verändert werden muß. Im Rahmen einer Verhaltenstherapie der Angst gehört dazu auch der Hinweis, daß letztendlich nur das eigene Verhalten zu andauernder Verbesserung der Befindlichkeit führt. Eine Gefahr besteht nämlich darin, daß die Panikstörung immer noch als »Stoffwechselerkrankung« des Gehirns angesehen wird, die nicht durch das eigene Verhalten, sondern nur durch entsprechende Chemikalien geheilt werden kann. Wenn ein Patient so etwas glaubt, bleibt ihm nichts anderes als die Hoffnung auf eine Heilung durch Medikamente. Daß dies aber in dieser Form nicht stimmt, belegen viele der wissenschaftlichen Untersuchungen, die auch in diesem Buch zitiert wurden.

Aber wir wollen die Psychopharamaka nicht verteufeln, denn sie haben genau wie die Verhaltenstherapie ihr Für und Wider:

Zu den Vorteilen der Medikamente gegen Panik und Agoraphobie zählen:
– Alle Ärzte können Medikamente verordnen.
– Medikamente sind relativ preiswert und wirken schneller als Verhaltenstherapie.

- Man braucht nicht auf einen Therapieplatz zu warten, die Angst wird zunächst einmal nicht zu einem chronischen, das Leben beherrschenden Thema.
- Medikamente können solchen Patienten helfen, die, aus welchen Gründen auch immer, nicht zu einem ›Seelenklempner‹ gehen möchten.

Medikamente haben aber auch Nachteile:
- Sie können auch bei richtiger Dosierung unangenehme Nebenwirkungen haben.
- Sie wirken nicht bei allen Patienten.
- Wenn man sie absetzt, treten die Ängste (teilweise sogar in verstärkter Form) häufig wieder auf.

Verhaltenstherapie bei Angststörung hat folgende Vorteile:
- Sie hat Langzeitwirkung, wodurch diese Therapie insgesamt preiswerter ist als eine medikamentöse Behandlung.
- Richtig durchgeführt, birgt sie keine gesundheitlichen Risiken oder Nebenwirkungen.
- Die therapeutischen Effekte erzeugen eine ›Breitbandwirkung‹, wodurch sich die Wahrscheinlichkeit verringert, später einmal andere psychische Störungen zu bekommen.

Gegen eine Verhaltenstherapie spricht:
- Es gibt sehr wenige qualifizierte Therapeuten, weshalb man häufig Monate auf einen Therapieplatz warten muß.
- Schwer beeinträchtigte Patienten müssen sehr intensiv, oft für mehrere Wochen, in einer Fachklinik behandelt werden.
- Eine Verhaltenstherapie funktioniert nur, wenn die Patienten bereit sind, aktiv mitzuarbeiten und möglicherweise auch in ihrer Lebensführung Veränderungen zu akzeptieren.

Die aufgezeigten Vor- und Nachteile sollten vor einer Entscheidung für ein bestimmtes Vorgehen gut abgewogen werden. Die nun folgenden Hinweise sind für Patienten gedacht, die die Einnahme von Medikamenten bevorzugen oder zur Überbrückung der Wartezeit auf einen Therapieplatz Psychopharmaka als Hilfe einsetzen.

Welche Medikamente wirksam sind

Es gibt drei Hauptgruppen von Psychopharmaka: Antidepressiva, Neuroleptika und Tranquilizer.

Die sogenannten Antidepressiva wurden ursprünglich zur Behandlung von Depressionen erfolgreich eingesetzt, haben aber auch für die Behandlung von Ängsten Bedeutung erlangt.

Neuroleptika sind Medikamente, die hauptsächlich zur Behandlung von Psychosen (wie zum Beispiel der Schizophrenie) genutzt werden. Aber auch in dieser Medikamentengruppe gibt es Mittel, die Ärzte zur Behandlung von Ängsten verordnen.

Tranquilizer sind die am häufigsten genutzten Psychopharmaka. Die meisten Beruhigungspillen gehören zu dieser Gruppe, deren bekanntester Vertreter das Valium ist.

Antidepressiva

Nach dem derzeitigen Forschungsstand ist Imipramin (Handelsname: ›Tofranil‹) zur Behandlung von Agoraphobien geeignet. Dieses Antidepressivum bewirkt recht schnell eine Beruhigung, man muß es aber mindestens zwei bis drei Wochen lang in zunehmend starker Dosierung täglich einnehmen, bevor es gegen die Angstattacken wirkt. Während dieser Zeit können folgende unangenehme Nebenwirkungen auftreten: Benommenheit, Mundtrockenheit, Schwindel oder Leeregefühl im Kopf, Zittern, Schwitzen, Blasenentleerungsstörungen, Verstopfung, Übelkeit und Erbrechen. Nicht wenige Patienten setzen wegen dieser lästigen Begleiterscheinungen das Medikament ab, bevor die erhoffte Wirkung eintritt und in der Regel auch die Nebenwirkungen nachlassen. Wenn das Imipramin nach vier, spätestens sechs Wochen noch nicht die gewünschte Wirkung zeigt, können die Betroffenen die Hoffnung aufgeben und entweder eine Verhaltenstherapie ins Auge fassen oder andere Medikamente ausprobieren. Für Patienten, die auf dieses Antidepressivum gut ansprechen, ist es wichtig, daß sie regelmäßig zu den ärztlichen Untersuchungsterminen zwecks Kontrollen von Blutbild, Leberwerten und EKG erscheinen. Während der ersten beiden Behandlungswochen sind Konzentration und Aufmerksamkeit so beeinträchtigt, daß zumindest das Autofahren untersagt werden muß.

Imipramin kann man zur Überbrückung von Therapiewartezeiten empfehlen. Wird es nach einiger Zeit abgesetzt, gibt es bei 80% - 100% der Panikpatienten Rückfälle (Sheehan, zit. n. Hand 1989). Eine während des Absetzens beginnende Verhaltenstherapie kann aber dann länger andauernde Erfolge sichern. Eine Abhängigkeit von Antidepressiva gibt es nicht.

Zur Gruppe der Antidepressiva gehören auch die Monoaminooxydasehemmer (MAO-Hemmer), von denen in der BRD das Tranylcypromin (Handelsname: ›Parnate‹) bei Panikstörungen eingesetzt wird (Knickenberg & Meermann 1991).

Neuroleptika

Ein angstlösendes Neuroleptikum wird von niedergelassenen Ärzten häufiger bei Erregungszuständen wöchentlich gespritzt. Es ist das Fluspirilen (Handelsname: ›Imap‹). Für die (erfolgreiche) Behandlung von Panikstörungen und Agoraphobien haben die Neuroleptika jedoch keine Bedeutung.

Tranquilizer

Der Tranquilizer, der zur Behandlung von Panikattacken eingesetzt wird, heißt Alprazolam (Handelsname: ›Tafil‹). Tranquilizer haben bei weitem geringere Nebenwirkungen als Antidepressiva. Organ- und Blutbildschäden kommen auch bei Überdosierung oder langer Einnahme kaum vor, es besteht jedoch die Gefahr einer Abhängigkeitsentwicklung, weshalb sie zumindest nicht bei Patienten mit Suchtgefährdung eingesetzt werden sollten. Ein neuerer Tranquilizer (Buspiron, Handelsname: ›Bespar‹) scheint eine geringere Abhängigkeitsgefährdung in sich zu bergen, jedoch ist eine abschließende Bewertung seiner Wirksamkeit bei Panikstörungen noch nicht möglich.

Zur Behandlung der Agoraphobie eignen sich diese Medikamente nicht, weil sie die Konzentration beeinträchtigen und während der Behandlungen beim Autofahren und der Arbeit an Maschinen ein zu hohes Unfallrisiko besteht. Patienten, die

Angst haben, mit ihrem Auto zu fahren oder an den Arbeitsplatz zu gehen, dürften das dann nicht mehr wegen der Medikamente – der Effekt (Rückzug) bliebe derselbe.

Ein weiteres Problem bei der Behandlungen der Panikstörung mit Alprazolam ist die Möglichkeit einer Verschlimmerung der Angstattacken, wenn das Medikament wieder abgesetzt wird (Fyer u. a. 1987). Insofern ist zur Überbrückung der Wartezeit auf einen Verhaltenstherapieplatz ein Antidepressivum vorzuziehen. Hat ein Patient sehr starke Beschwerden, kann Alprazolam jedoch helfen, die Zeit zu überbrücken, bis sich die Wirkung des Imipramin entfaltet.

Manche Ärzte spritzen Valium, wenn ein Patient mit einer Hyperventilationstetanie gebracht wird. Durch dieses Vorgehen können Patienten auf den Gedanken kommen, immer einen Tranquilizer in Tablettenform bei sich zu tragen, um im Falle einer Panikattacke Erleichterung zu erlangen. Ein Angstanfall dauert aber meist nicht länger als eine halbe Stunde, und bis die Tablette (die Spritze wirkt unvergleichbar schneller!) ihre Wirkung entfaltet, ist die Angst in der Regel abgeklungen. Da die dämpfende Wirkung von Tranquilizern dann aber noch über Stunden anhält, sind Aktivitäten, die Konzentration und Aufmerksamkeit erfordern, an diesem Tage nicht mehr möglich. Außerdem besteht bei diesen Medikamenten die Gefahr einer heftigen Gegenreaktion des Körpers, so daß ein noch stärkerer Angstanfall entsteht, sobald die Wirkung verfliegt.

Dennoch tragen Angstpatienten immer wieder zur Beruhigung Psychopharmaka bei sich. Dabei begeben sie sich jedoch in eine Art Gefangenschaft. Denn sie können auf diesem Weg niemals erfahren, daß sie selbst in der Lage sind, mit der Angst fertig zu werden. Sie fangen an zu glauben, daß nur die Tablette die Panik in Schach halten kann. Das Medikament wird zum großen Bruder, der seine Opfer in die Hilflosigkeit drängt.

Wie man dieser Gefangenschaft entkommt, wissen Sie vielleicht mittlerweile. Das darzustellen, war zumindest der Zweck dieses Buches.

Adressen verhaltenstherapeutisch arbeitender Fachkliniken

Psychosomatische Fachklinik
24576 Bad Bramstedt

Psychosomatische Fachklinik
Bombergallee 10
31812 Bad Pyrmont

Fachklinik Hochsauerland
Zu den drei Buchen 2
57392 Fredeburg/Schmallenberg

Klinik am Hainberg
Abt. für Verhaltenstherapie
Ludwig-Braun-Str. 32
36251 Bad Hersfeld

Psychosomatische Fachklinik
St. Franziska-Stift
Franziska-Puricelli-Str. 3
55543 Bad Kreuznach

Klinik Berus
Orannastr. 55
66802 Überherrn-Berus

Psychosomatische Fachklink
Münchwies
Turmstr. 50-58
66540 Neunkirchen/Saar

Psychosomatische Fachklinik
Kurbrunnenstr. 12
67098 Bad Dürkheim

Baar Klinik
Alte Wolterdingerstr. 68
78166 Donaueschingen

Luisenklinik
Luisenstr. 56
78073 Bad Dürrheim

Klinik Roseneck
Am Roseneck 6
83209 Prien/Chiemsee

Fachklinik Furth im Wald
Eichertweg 37
93437 Furth im Wald/Oberpfalz

Psychosomatische Klinik
Schützenstr. 16
86949 Windach/Ammersee

Fachklinik Landgraf Friedrich
Landgrafenplatz 1
61381 Friedrichsdorf/Ts.

Adressen niedergelassener Verhaltenstherapeuten erhalten Sie bei Ihrer Krankenkasse oder bei der Vereinigung der Kassenpsychotherapeuten, Cranger Str. 129, 45891 Gelsenkirchen.

Weitere Hinweise und Hilfe bekommen Sie auch von der Christoph-Dornier-Stiftung für Klinische Psychologie, Ernst-Giller-Str. 20, 35039 Marburg.

Erklärung der Fachausdrücke

Adrenalin	Streßhormon – Es hilft bei der Bereitstellungsreaktion.
Aktivierung	Erhöhte ›Stromversorgung‹ des Gehirns, ausgehend vom Stammhirn.
ARAS	›Aufsteigendes reticuläres Aktivierungssystem‹: Das System, das in Stamm-Zwischen- und Großhirn für die Aktivierung verantwortlich ist.
Autonomes Nervensystem	Auch ›Vegetatives Nervensystem‹ genannt. Es dient der Steuerung unserer inneren Organe und besteht aus Sympatikus und Parasympatikus.
Bereitstellungsreaktion	Auch ›Notfallreaktion‹ genannt. Die körperliche Umschaltung auf höchste Alarmstufe. Sie versetzt uns in die Lage, unmittelbar große Kraft zu entfalten.
Depersonalisation	Gefühl, als gehöre der eigene Körper nicht mehr zu einem. Tritt bei Angststörungen häufiger auf.
Derealisation	Gefühl, als sei man durch eine unsichtbare Kuppel von der Umwelt abgeschnitten. Tritt bei Angststörungen häufiger auf.
Formatio reticularis	(lat.) ›netzartige Verbindung‹: Teil unseres Stammhirns, von dem die Aktivierung ausgeht.
Habituation	(lat.) ›Gewöhnung‹, speziell die Gewöhnung an Streß (in unserem Fall an angsterzeugende Situationen).
Hyperventilation	Verstärkte Atmung in einem körperlichen Zustand, in dem man gar nicht so viel Luft benötigt. Führt häufig zur Hyperventilationstetanie (Kribbeln und Verkrampfungen, meist im Bereich des Mundes und der Finger).
Motoneurone	Nerven des Motorischen Nervensystems
Motorisches Nervensystem	Nervensystem, das unsere Muskelarbeit (die Arbeit der Skelettmuskulatur) steuert.
Muskeltonus	Spannung der Muskulatur
Noradrenalin	Streßhormon, hilft bei der Bereitstellungsreaktion
Notfallreaktion	Anderes Wort für Bereitstellungsreaktion
Parasympathikus	Teil des Vegetativen (oder Autonomen) Nervensystems, der für Entspannung und Regeneration zuständig ist.
Sensorisches Nervensystem	Nervensystem, das für unsere Sinneswahrnehmung verantwortlich ist.
Sympathikus	Teil des Vegetativen (oder Autonomen) Nervensystems, der für körperliche Leistungsentfaltung, also auch für die Notfallreaktion zuständig ist.
Vegetatives Nervensystem	Anderes Wort für Autonomes Nervensystem

LITERATUR

Agras, W. S., Sylvester, D., Oliveau, D. (1969) *The epidomiology of common fears and phobias.* Comprehensive Psychiatry 10: 151 – 156.

Bartling, G., Fiegenbaum, W., Krause, R. (1980) *Reizüberflutung: Theorie und Praxis.* Kohlhammer, Stuttgart.

Bilz, R. (1974) *Studien über Angst und Schmerz.* Suhrkamp, Frankfurt/M.

Birbaumer, N., Schmidt, R. F. (1989) *Biologische Psychologie.* Springer, Berlin Heidelberg New York.

Brenner, H. (1989) *Das große Buch der Entspannungstechniken.* Humboldt, München.

Buller, R., Benkert, O. (1990) *Panikattacken und Panikstörung – Diagnose, Validierung und Therapie.* Der Nervenarzt 61: 647 – 657.

Creutzfeld, O. D. (1983) *Cortex cerebri. Leistung, strukturelle und funktionelle Organisation der Hirnrinde.* Springer, Berlin Heidelberg New York.

Deffenbacher, J. L., Suinn, R.M. (1987) *Generalized anxiety syndrome.* In: Michelson, L., Ascher, L. M. (eds.) *Anxiety and stress disorders. Cognitive-behavioral assessment and treatment.* Guilford Press, New York London.

DSM-III-R. *Diagnostisches und Statistisches Manual Psychischer Störungen.* (1989) Beltz, Weinheim.

Ehlers, A., Margraf, J. (1990) *Agoraphobien und Panikanfälle.* In: Reinecker, H. (Hrsg.) *Lehrbuch der Klinischen Psychologie.* Hogrefe, Göttingen Toronto Zürich.

Ehlers A., Margraf, J., Davies, S., Roth W. T. (1988) *Selective information processing of threat cues in subjects with panic attacks.* Cognition and Emotion 2: 201 – 220.

Ehrhardt, M., Sturm, J. (1990) *Angstbewältigung im Rahmen eines verhaltensmedizinischen Gruppenkonzeptes bei Herzphobikern.* In: Zielke, M., Mark, N. (Hrsg.) *Forschritte der angewandten Verhaltensmedizin.* Springer, Berlin Heidelberg New York.

Engel G. L. (1962) *Fainting.* Charles Thomas Publishers, Springfield.

Epstein, S. (1977) *Versuch einer Theorie der Angst.* In: Birbaumer, N. (Hrsg.) *Psychophysiologie der Angst.* Urban & Schwarzenberg, München.

Festinger, L. (1957) *A theory of cognitive dissonance.* Row & Peterson, Evanston.

Fliegel, S., Groeger, W. M., Künzel, R., Schulte, D., Sorgatz, H. (1981) *Verhaltenstherapeutische Standardmethoden.* Urban & Schwarzenberg, München.

Foy, D.W., Donahoe Jr., C. P., Carroll, E. M., Gallers, J., Reno, R. (1987) *Posttraumatic stress disorder*. In: Michelson, L., Ascher, L. M. (eds.) Anxiety and stress disorders. Cognitive-behavioral assessment and treatment. Guilford Press, New York London.

Fyer, A. J., Liebowitz, M. R., Gorman, J. M., Campeas R., Levin A., Davies, S. O., Goetz, D., Klein, D. F. (1987) *Discontinuation of alprazolam treatment in panic patients*. American Journal of Psychiatry 144: 303 – 308.

Goethe, J. W. (1970) *Dichtung und Wahrheit*. In: Goethe. J. W. *Werke*, Band 5. Insel, Frankfurt/M.

Hand, I. (1989) *Verhaltensthearapie bei schweren Phobien und Panik – psychologische und medizinische Aspekte*. In: Hand, I., Wittchen, H.-U. (Hrsg.) *Verhaltenstherapie in der Medizin*. Springer, Berlin Heidelberg New York.

Heimberg, R. G., Dodge, C. S., Becker, R. E. (1987) *Social Phobia*. In: Michelson, L., Ascher, L. M. (eds.) *Anxiety and stress disorders. Cognitive-behavioral assessment and treatment*. Guilford Press, New York London.

Kanfer, F. H., Reinecker, H., Schmelzer, D. (1991) *Selbstmanagement – Therapie*. Springer, Berlin Heidelberg New York.

Knickenberg, R., Meermann, R. (1991) *Psychopharmakotherapie und Verhaltenstherapie*. In: Meermann, R., Vandereycken, W. (Hrsg .) *Verhaltenstherapeutische Psychosomatik in Klinik und Praxis*. Schattauer, Stuttgart New York.

Lazarus, R. S, Folkman, S. (1984) *Stress, appraisal, and coping*. Springer, New York.

Lieb, H., Pein, A. v. (1990) *Der kranke Gesunde*. TRIAS, Stuttgart.

Margraf, J. (1990) *Das Paniksyndrom*. In: Fiegenbaum, W., Brengelmann, J. C. (Hrsg.) *Angststörungen. Diagnose und Therapie*. Gerhard Röttger, München.

Margraf, J., Schneider, S. (1989) *Panik. Angstanfälle und ihre Behandlung*. Springer, Berlin Heidelberg New York.

Mavissakalian, M. (1988) *The mutually potentiating effects of imipramine and exposure in agoraphobia*. In: Hand J., Wittchen H. U. (eds.) *Panic and phobias*. Springer, Berlin Heidelberg New York.

Miller, N. E. (1948) *Studies of fear as an acquirable drive: 1. Fear as motivation and fear-reduction as reinforcement in the learning of new responses*. Journal of experimental Psychology 38: 89 – 101.

Morris, R. J. (1979) *Methoden der Angstreduktion. In: Kanfer, F. H., Goldstein, A. P. (Hrsg.) Möglichkeiten der Verhaltensänderung. Urban und Schwarzenberg, München.*

Pennebaker, J. W. (1990) *Inhibition, disclosure, and health*. Vortrag beim 8. Kongreß »Psychologie in der Medizin«, Ulm.

Reinecker, H. (1990) *Soziale und spezifische Phobien*. In: Reinecker, H. (Hrsg.) *Lehrbuch der Klinischen Psychologie*. Hogrefe, Göttingen Toronto Zürich.

Schneider, R. (1991) *Die Suchtfibel*. Gerhard Röttger, München.

Schneider, S., Margraf, J. (1990) *Therapiebezogene Diagnostik der Angststörungen*. In: Fiegenbaum, W., Brengelmann, J.C. (Hrsg.) *Angststörungen. Diagnose und Therapie*. Gerhard Röttger, München.

Simons, C., Schultheis, K. H., Köhle, K. (1981) *Synkopen*. In: Uexküll, T. v. (Hrsg.) *Lehrbuch der Psychosomatischen Medizin*. Urban & Schwarzenberg, München Wien Baltimore.

Sturm, J. (1981) *Die Bewältigung der Angst trainieren*. Musik und Medizin 18: 29–36.

Sturm, J. (1984) *Verhaltenstherapeutisches Vorgehen bei funktionellen Herzbeschwerden*. In: *Psychologische Hilfe für Behinderte*, Bd. 5. Weissenhof, Weinsberg.

Sturm, J., Ehret, A. (1982) *Psychotherapie der Angst*. Medica 1: 58–83.

Sturm, J., Ehrhard, M., Müller, C. (1987) *Ein multimodales verhaltensmedizinisches Gruppenkonzept für die Behandlung von Herzphobikern*. In: Nutzinger, D., Pfersmann, D., Welan, T., Zapotoczky, H.-G. (Hrsg.) *Herzphobie*. Enke, Stuttgart.

Tonscheid, S. (in Vorbereitung) *Grundsätze der medikamentösen Behandlung*. In: Zielke, M., Sturm, J. (Hrsg.) *Handbuch der stationären Verhaltenstherapie*. Beltz, Weinheim.

Tonscheid, S. (in Vorbereitung) *Medikamentöse Behandlung bei ausgewählten psychiatrischen Krankheitsbildern*. In: Zielke, M., Sturm, J. (Hrsg.) *Handbuch der stationären Verhaltenstherapie*. Beltz, Weinheim.

Watzlawick, P., Weakland, J. H., Fisch, R. (1984) *Lösungen*. Huber, Bern Stuttgart Wien.

Wittchen, H.-U. (1986) *Epidemiology of panic attacks and panic disorders*. In: Hand I, Wittchen, H.-U. (Hrsg.). *Panic and phobias*. Springer, Berlin Heidelberg New York.

Wittchen, H.-U. (1991) *Der Langzeitverlauf unbehandelter Angststörungen: Wie häufig sind Spontanremissionen?* Verhaltenstherapie 1: 273–282.

Wolpe, J. (1958) *Psychotherapy by reciprocal inhibition*. Stanford University Press, Stanford.